Ivan Koesjnir

Economie van Europa

Serie "Economie in landen"

eerst gepubliceerd: 2021
laatst bijgewerkt: 2021-02-02

Ivan Koesjnir. Economie van Europa. Serie "Economie in landen". - 2021. - 76 pages.

Dit boek over de economie van Europa van de jaren 1970 tot de jaren 2010. Brongegevens uit UN Data.

Grootte. In de jaren 2010 was het bruto binnenlands product van Europa gelijk aan US$21,0 biljoen per jaar; de waarde van de landbouw was US$365,8 miljard; de waarde van de industrie was US$3,8 biljoen.

Productiviteit. In de jaren 2010 bedroeg het bruto binnenlands product per hoofd van de bevolking $28.186,8, de waarde van de landbouw per hoofd $491,7, de waarde van de industrie per hoofd $5.088,1. Omdat de productiviteit tussen het gemiddelde en het gemiddelde boven het gemiddelde ligt, wordt de economie geclassificeerd als ontwikkeld.

Groei. In de jaren 2010 bedroeg de groei van het bruto binnenlands product 1,6%; de groei van de landbouw was 0,73%; de groei van de industrie was 2,0%.

Structuur. In de jaren 2010 omvatte de economie van Europa: diensten (48,4%), industrie (20,1%), handel (14,3%), transport (9,6%), constructie (5,6%) en landbouw (1,9%).

Uitvoer en invoer. In de jaren 2010 was de uitvoer 8,2% hoger dan de invoer, de netto-uitvoer was gelijk aan 3,3% van het BBP.

Consumptie en reproductie. De houding van reproductie ten opzichte van de consumptie is niet beter dan het mondiale gemiddelde, dus het aandeel van het BBP in de wereld zal niet toenemen.

Serie "Economie in landen": parallel.page.link/nl

ISBN: 9798701856071

Inhoud

Part I. Grootte

BBP   de jaren 2010
                                                          US$21,0 biljoen
Het aandeel in de wereld   27,0%

Hoofdstuk I. Bruto binnenlands product

Het BBP van Europa steeg van US$2,7 biljoen per jaar in de jaren 1970 tot US$21,0 biljoen per jaar in de jaren 2010, dat wil zeggen met US$18,3 biljoen of 7,8 keer. De verandering vond plaats op US$15,0 biljoen als gevolg van een 3,5-voudige stijging van de prijzen, en ook op US$3,2 biljoen als gevolg van een 2,2-voudige toename van de productiviteit , evenals op US$68,7 miljard als gevolg van de toename van de bevolking. De gemiddelde jaarlijkse groei van het BBP is 2,2%. De minimumwaarde van het BBP bedroeg US$1,4 biljoen in 1970. De maximumwaarde van het BBP bedroeg US$22,3 biljoen in 2014.

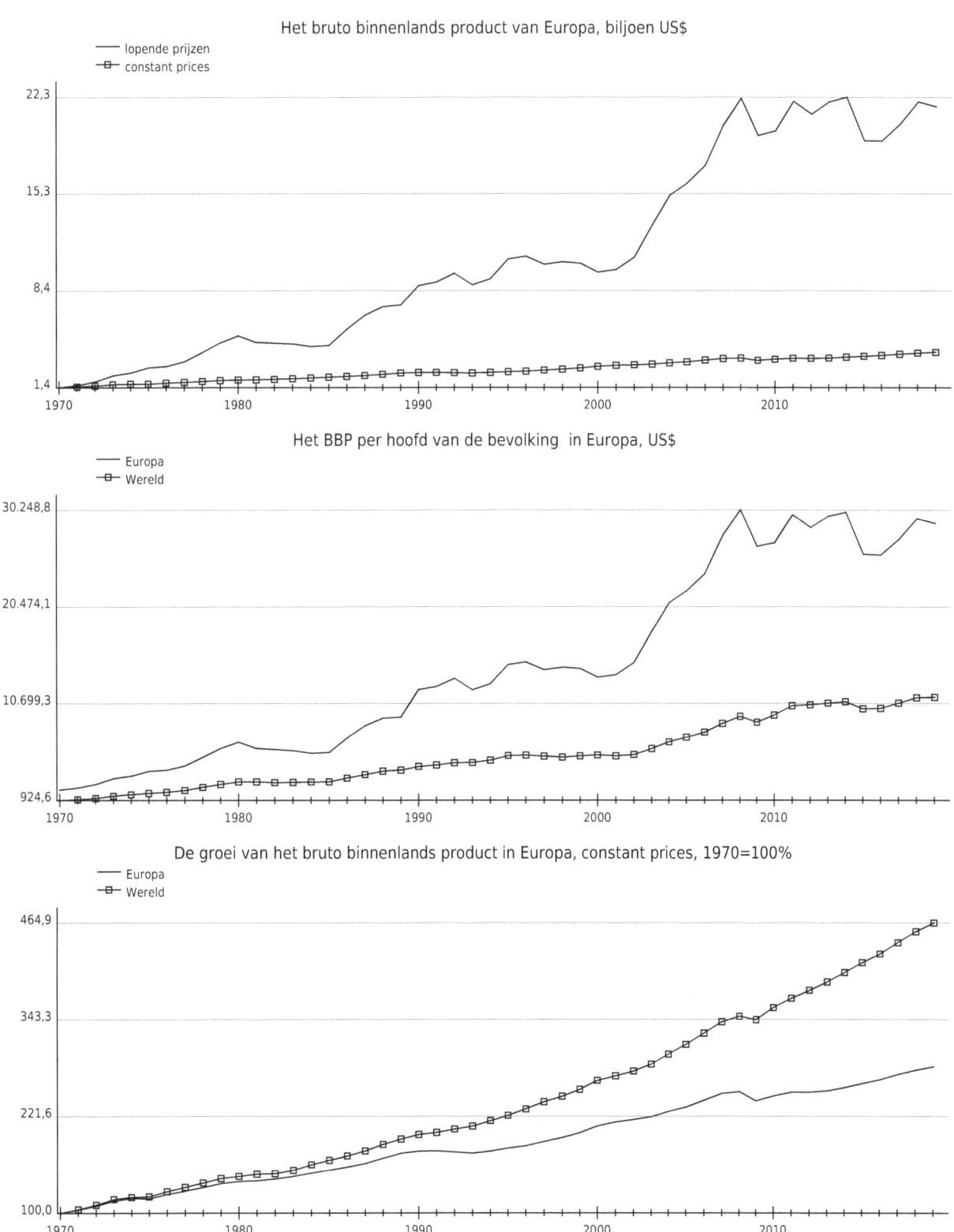

Het bruto binnenlands product van Europa, biljoen US$

Het BBP per hoofd van de bevolking in Europa, US$

De groei van het bruto binnenlands product in Europa, constant prices, 1970=100%

de jaren 1970

Het bruto binnenlands product van Europa bedroeg in de jaren 1970 US$2,7 biljoen per jaar. Het aandeel in de wereld was 40,9%.

Het bruto binnenlands product van Europa bestond uit: huishoudelijke uitgaven (55,3%), kapitaalvorming (28,4%) en overheidsuitgaven (18,4%).

Het BBP per hoofd in Europa was $3.694,0 in de jaren 1970s. Het BBP per hoofd in Europa was in 2,3 keer hoger dan het bruto binnenlands product per hoofd van de bevolking in de wereld ($1.620,8).

De groei van het bruto binnenlands product in Europa bedroeg 3.6% in de jaren 1970, en was vergelijkbaar met de Verenigde Staten (3,5%), Antigua en Barbuda (3,6%). De groei van het bruto binnenlands product in Europa (3,6%) was minder dan de groei van het BBP in de wereld (4,1%).

Vergelijking met regio's. Het bruto binnenlands product van Europa was groter dan in Amerika (US$2,3 biljoen), in Azië (US$1,2 biljoen), in Afrika (US$266,0 miljard) en in Oceanië (US$115,2 miljard). Het bruto binnenlands product per hoofd in Europa was groter dan in Afrika (US$648,3) en in Azië (US$525,2); maar minder dan in Oceanië (US$5,4 duizend) en in Amerika (US$4,0 duizend). De groei van het BBP in Europa was groter dan in Oceanië (2,8%); maar minder dan in Azië (5,5%), in Afrika (4,5%) en in Amerika (4,1%).

Subregio's. Het bruto binnenlands product van Europa in de jaren 1970 bestond uit: West-Europa (40,4%), Oost-Europa (28,9%), Noord-Europa (15,6%) en Zuid-Europa (15,2%). Het BBP per hoofd van de bevolking in subregio's: West-Europa ($6.363,1), Noord-Europa ($5.131,0), Zuid-Europa ($3.071,4) en Oost-Europa ($2.265,7). De groei van het bruto binnenlands product in subregio's: Oost-Europa (5,3%), Zuid-Europa (4,1%), West-Europa (3,1%) en Noord-Europa (2,8%).

Leiders. Het BBP van Europa in de jaren 1970 bestond uit: Sovjet-Unie (24,2%), Duitsland (18,1%), Frankrijk (12,4%), Verenigd Koninkrijk (8,8%), Italië (8,1%), en andere (28,3%). Het bruto binnenlands product per hoofd in Europa onder de leiders: Frankrijk ($6.214,9), Duitsland ($6.148,9), Verenigd Koninkrijk ($4.211,9), Italië ($3.958,7) en Sovjet-Unie ($2.574,9). De groei van het BBP onder de leiders: Sovjet-Unie (4,8%), Frankrijk (3,9%), Italië (3,8%), Duitsland (3,1%) en Verenigd Koninkrijk (2,6%).

de jaren 1980

Het bruto binnenlands product van Europa bedroeg in de jaren 1980 US$5,4 biljoen per jaar, en was vergelijkbaar met Amerika (US$5,4 biljoen). Het aandeel in de wereld was 35,9%.

Het BBP van Europa bestond uit: huishoudelijke uitgaven (56,5%), kapitaalvorming (25,2%) en overheidsuitgaven (19,9%).

Het BBP per hoofd in Europa was $7.066,6 in de jaren 1980s, en was vergelijkbaar met Zuid-Europa (US$7,2 duizend). Het bruto binnenlands product per hoofd in Europa was in 2,3 keer hoger dan het bruto binnenlands product per hoofd van de bevolking in de wereld ($3.123,4).

De groei van het BBP in Europa bedroeg 2.5% in de jaren 1980, en was vergelijkbaar met Honduras (2,5%), de Seychellen (2,5%). De groei van het BBP in Europa (2,5%) was minder dan de groei van het bruto binnenlands product in de wereld (3,0%).

Vergelijking met regio's. Het bruto binnenlands product van Europa was groter dan in Amerika (US$5,4 biljoen), in Azië (US$3,5 biljoen), in Afrika (US$538,1 miljard) en in Oceanië (US$257,5 miljard). Het BBP per hoofd in Europa was groter dan in Azië (US$1.222,0) en in Afrika (US$993,3); maar minder dan in Oceanië (US$10,4 duizend) en in Amerika (US$8,2 duizend). De groei van het bruto binnenlands product in Europa was groter dan in Afrika (1,8%); maar minder dan in Azië (4,6%), in Oceanië (3,1%) en in Amerika (2,8%).

Subregio's. Het bruto binnenlands product van Europa in de jaren 1980 bestond uit: West-Europa (41,9%), Oost-Europa (20,4%), Noord-Europa (19,0%) en Zuid-Europa (18,7%). Het BBP per hoofd van de bevolking in subregio's: West-Europa ($13.109,1), Noord-Europa ($12.443,0), Zuid-Europa ($7.192,8) en Oost-Europa ($2.985,9). De groei van het BBP in subregio's: Oost-Europa (3,3%), Noord-Europa (2,6%), Zuid-Europa (2,4%) en West-Europa (2,1%).

Leiders. Het bruto binnenlands product van Europa in de jaren 1980 bestond uit: Duitsland (18,3%), Sovjet-Unie (16,4%), Frankrijk (13,4%), Verenigd Koninkrijk (11,5%), Italië (10,9%), en andere (29,5%). Het BBP per hoofd in Europa onder de leiders: Frankrijk ($12.907,5), Duitsland ($12.688,8), Verenigd Koninkrijk ($11.059,3), Italië ($10.446,4) en Sovjet-Unie ($3.222,9). De groei van het BBP onder de leiders: Sovjet-Unie (4,3%), Verenigd Koninkrijk (2,6%), Italië (2,5%), Frankrijk (2,3%) en Duitsland (1,9%).

de jaren 1990

Het bruto binnenlands product van Europa bedroeg in de jaren 1990 US$9,8 biljoen per jaar, en was vergelijkbaar met Amerika (US$10,0 biljoen). Het aandeel in de wereld was 34,2%.

Het BBP van Europa bestond uit: huishoudelijke uitgaven (57,2%), kapitaalvorming (22,6%), overheidsuitgaven (19,5%) en netto-uitvoer (1,2%).

Het bruto binnenlands product per hoofd in Europa was $13.469,1 in de jaren 1990s, en was vergelijkbaar met Cyprus (US$13,5 duizend), Koeweit (US$13,3 duizend). Het bruto binnenlands product per hoofd in Europa was in 2,7 keer hoger dan het bruto binnenlands product per hoofd van de bevolking in de wereld ($5.020,1).

De groei van het bruto binnenlands product in Europa bedroeg 1.4% in de jaren 1990, en was vergelijkbaar met Zuid-Afrika (1,4%). De groei van het BBP in Europa (1,4%) was minder dan de groei van het bruto binnenlands product in de wereld (2,8%).

Vergelijking met regio's. Het bruto binnenlands product van Europa was groter dan in Azië (US$7,8 biljoen), in Afrika (US$590,3 miljard) en in Oceanië (US$445,6 miljard); maar minder dan in Amerika (US$10,0 biljoen). Het bruto binnenlands product per hoofd in Europa was groter dan in Amerika (US$13,0 duizend), in Azië (US$2,2 duizend) en in Afrika (US$833,3); maar minder dan in Oceanië (US$15,4 duizend). De groei van het BBP in Europa was minder dan in Azië (4,7%), in Oceanië (3,3%), in Amerika (3,1%) en in Afrika (2,4%).

Subregio's. Het BBP van Europa in de jaren 1990 bestond uit: West-Europa (48,8%), Zuid-Europa (21,6%), Noord-Europa (21,6%) en Oost-Europa (8,0%). Het bruto binnenlands product per hoofd van de bevolking in subregio's: West-Europa ($26.378,2), Noord-Europa ($22.776,0), Zuid-Europa ($14.693,5) en Oost-Europa ($2.539,1). De groei van het BBP in subregio's: Noord-Europa (2,6%), West-Europa (2,2%), Zuid-Europa (1,7%) en Oost-Europa (-3,8%).

Leiders. Het bruto binnenlands product van Europa in de jaren 1990 bestond uit: Duitsland (22,2%), Frankrijk (14,6%), Verenigd Koninkrijk (13,6%), Italië (12,4%), Spanje (6,0%), en andere (31,1%). Het BBP per hoofd in Europa onder de leiders: Duitsland ($27.003,8), Frankrijk ($24.100,9), Verenigd Koninkrijk ($22.920,4), Italië ($21.281,5) en Spanje ($14.846,7). De groei van het BBP onder de leiders: Spanje (2,6%), Verenigd Koninkrijk (2,3%), Duitsland (2,2%), Frankrijk (2,0%) en Italië (1,5%).

de jaren 2000

Het bruto binnenlands product van Europa bedroeg in de jaren 2000 US$15,4 biljoen per jaar. Het aandeel in de wereld was 33,1%.

Het BBP van Europa bestond uit: huishoudelijke uitgaven (56,4%), kapitaalvorming (22,2%), overheidsuitgaven (19,8%) en netto-uitvoer (1,7%).

Het BBP per hoofd in Europa was $21.115,4 in de jaren 2000s, en was vergelijkbaar met Frans-Polynesië (US$21,0 duizend), de Turks- en Caicoseilanden (US$20,8 duizend), Griekenland (US$21,4 duizend). Het bruto binnenlands product per hoofd in Europa was in 2,9 keer hoger dan het bruto binnenlands product per hoofd van de bevolking in de wereld ($7.176,3).

De groei van het bruto binnenlands product in Europa bedroeg 1.8% in de jaren 2000, en was vergelijkbaar met Noorwegen (1,8%). De groei van het bruto binnenlands product in Europa (1,8%) was minder dan de groei van het BBP in de wereld (3,0%).

Vergelijking met regio's. Het bruto binnenlands product van Europa was groter dan in Azië (US$12,6 biljoen), in Afrika (US$1,1 biljoen) en in Oceanië (US$832,3 miljard); maar minder dan in Amerika (US$16,7 biljoen). Het BBP per hoofd in Europa was groter dan in Amerika (US$19,0 duizend), in Azië (US$3,2 duizend) en in Afrika (US$1.228,8); maar minder dan in Oceanië (US$25,0 duizend). De groei van het bruto binnenlands product in Europa was minder dan in Azië (5,2%), in Afrika (5,1%), in Oceanië (3,0%) en in Amerika (2,1%).

Subregio's. Het BBP van Europa in de jaren 2000 bestond uit: West-Europa (43,1%), Noord-Europa (24,0%), Zuid-Europa (22,2%) en Oost-Europa (10,7%). Het BBP per hoofd van de bevolking in subregio's: Noord-Europa ($38.500,7), West-Europa ($35.556,4), Zuid-Europa ($22.994,7) en Oost-Europa ($5.528,9). De groei van het bruto binnenlands product in subregio's: Oost-Europa (4,7%), Noord-Europa (1,9%), Zuid-Europa (1,5%) en West-Europa (1,3%).

Leiders. Het BBP van Europa in de jaren 2000 bestond uit: Duitsland (17,9%), Verenigd Koninkrijk (15,0%), Frankrijk (13,6%), Italië (11,4%), Spanje (7,1%), en andere (35,0%). Het bruto binnenlands product per hoofd in Europa onder de leiders: Verenigd Koninkrijk ($38.399,3), Duitsland ($33.966,8), Frankrijk ($33.390,4), Italië ($30.290,9) en Spanje ($24.948,6). De groei van het bruto binnenlands product onder de leiders: Spanje (2,6%), Verenigd Koninkrijk (1,7%), Frankrijk (1,4%), Duitsland (0,73%) en Italië (0,51%).

de jaren 2010

Het BBP van Europa bedroeg in de jaren 2010 US$21,0 biljoen per jaar. Het aandeel in de wereld was 27,0%.

Het bruto binnenlands product van Europa bestond uit: huishoudelijke uitgaven (55,4%), kapitaalvorming (21,1%), overheidsuitgaven (20,2%) en netto-uitvoer (3,3%).

Het BBP per hoofd in Europa was $28.186,8 in de jaren 2010s, en was vergelijkbaar met Cyprus (US$27,9 duizend), Zuid-Korea (US$28,7 duizend), Aruba (US$27,6 duizend). Het BBP per hoofd in Europa was in 2,7 keer hoger dan het bruto binnenlands product per hoofd van de bevolking in de wereld ($10.603,1).

De groei van het BBP in Europa bedroeg 1.6% in de jaren 2010. De groei van het BBP in Europa (1,6%) was minder dan de groei van het BBP in de wereld (3,1%).

Vergelijking met regio's. Het BBP van Europa was 9,1 keer groter dan in Afrika (US$2,3 biljoen) en 12,6 keer groter dan in Oceanië (US$1,7 biljoen); maar 23,4% minder dan in Azië (US$27,4 biljoen) en 17,6% minder dan in Amerika (US$25,5 biljoen). Het bruto binnenlands product per hoofd in Europa was 7,9% groter dan in Amerika (US$26,1 duizend), 4,5 keer groter dan in Azië (US$6,2 duizend) en 14,2 keer groter dan in Afrika (US$1.979,5); maar 33,3% minder dan in Oceanië (US$42,3 duizend). De groei van het BBP in Europa was minder dan in Azië (5,2%), in Afrika (2,9%), in Oceanië (2,5%) en in Amerika (2,2%).

Subregio's. Het BBP van Europa in de jaren 2010 bestond uit: West-Europa (42,5%), Noord-Europa (22,7%), Zuid-Europa (19,5%) en Oost-Europa (15,3%). Het bruto binnenlands product per hoofd van de bevolking in subregio's: Noord-Europa ($46.262,2), West-Europa ($45.957,3), Zuid-Europa ($26.717,0) en Oost-Europa ($10.925,7). De groei van het bruto binnenlands product in subregio's: Oost-Europa (2,3%), Noord-Europa (2,1%), West-Europa (1,7%) en Zuid-Europa (0,48%).

Leiders. Het BBP van Europa in de jaren 2010 bestond uit: Duitsland (17,5%), Verenigd Koninkrijk (13,2%), Frankrijk (12,8%), Italië (9,8%), Rusland (8,5%), en andere (38,3%). Het bruto binnenlands product per hoofd in Europa onder de leiders: Duitsland ($44.732,1), Verenigd Koninkrijk ($42.176,3), Frankrijk ($40.496,4), Italië ($34.163,3) en Rusland ($12.260,3). De groei van het bruto binnenlands product onder de leiders: Duitsland (1,9%), Rusland (1,9%), Verenigd Koninkrijk (1,8%), Frankrijk (1,4%) en Italië (0,25%).

Hoofdstuk II. Toegevoegde waarde

De toegevoegde waarde van Europa steeg van US$2,5 biljoen per jaar in de jaren 1970 tot US$18,8 biljoen per jaar in de jaren 2010, dat wil zeggen met US$16,2 biljoen of 7,4 keer. De verandering vond plaats op US$13,3 biljoen als gevolg van een 3,4-voudige stijging van de prijzen, en ook op US$2,9 biljoen als gevolg van een 2,1-voudige toename van de productiviteit , evenals op US$65,2 miljard als gevolg van de toename van de bevolking. De gemiddelde jaarlijkse groei van de toegevoegde waarde is 2,1%. De minimumwaarde van de toegevoegde waarde bedroeg US$1,3 biljoen in 1970. De maximumwaarde van de toegevoegde waarde bedroeg US$20,0 biljoen in 2014.

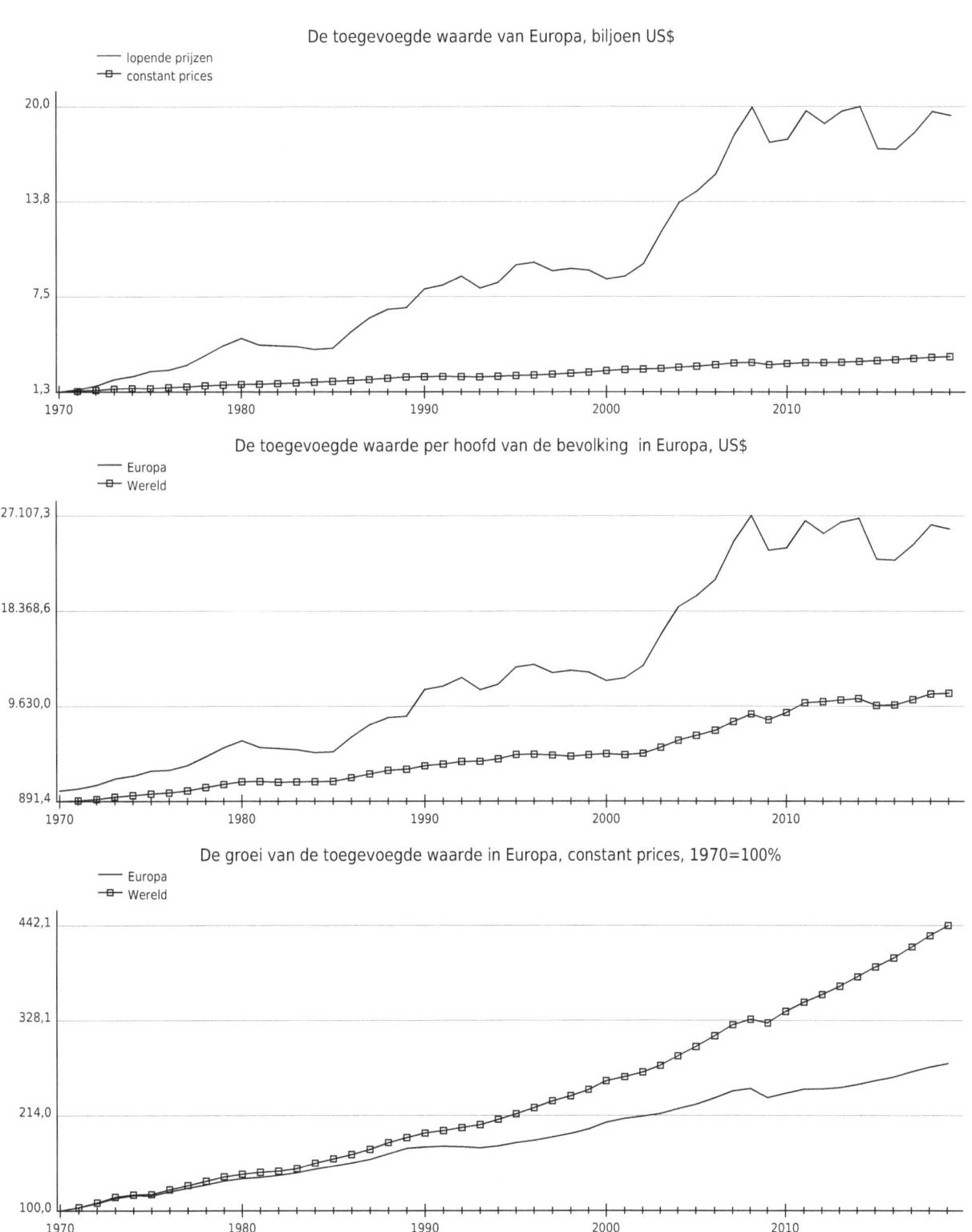

de jaren 1970

De toegevoegde waarde van Europa bedroeg in de jaren 1970 US$2,5 biljoen per jaar. Het aandeel in de wereld was 40,3%.

De totale toegevoegde waarde van Europa bestond uit: industrie (32,3%), diensten (32,2%), handel (12,8%), constructie (7,9%), landbouw (7,7%) en transport (7,1%).

De toegevoegde waarde per hoofd in Europa was $3.506,2 in de jaren 1970s. De toegevoegde waarde per hoofd in Europa was in 2,2 keer hoger dan de toegevoegde waarde per hoofd van de bevolking in de wereld ($1.564,4).

De groei van de toegevoegde waarde in Europa bedroeg 3.4% in de jaren 1970, en was vergelijkbaar met Peru (3,4%), Bermuda (3,5%). De groei van de toegevoegde waarde in Europa (3,4%) was minder dan de groei van de toegevoegde waarde in de wereld (3,9%).

Vergelijking met regio's. De toegevoegde waarde van Europa was groter dan in Amerika (US$2,2 biljoen), in Azië (US$1,2 biljoen), in Afrika (US$254,0 miljard) en in Oceanië (US$108,3 miljard). De toegevoegde waarde per hoofd in Europa was groter dan in Afrika (US$619,0) en in Azië (US$508,3); maar minder dan in Oceanië (US$5,1 duizend) en in Amerika (US$4,0 duizend). De groei van de toegevoegde waarde in Europa was groter dan in Oceanië (3,2%); maar minder dan in Azië (5,5%), in Afrika (4,9%) en in Amerika (3,5%).

Subregio's. De toegevoegde waarde van Europa in de jaren 1970 bestond uit: West-Europa (38,7%), Oost-Europa (30,3%), Noord-Europa (15,9%) en Zuid-Europa (15,1%). De toegevoegde waarde per hoofd van de bevolking in subregio's: West-Europa ($5.791,8), Noord-Europa ($4.976,2), Zuid-Europa ($2.888,3) en Oost-Europa ($2.259,0). De groei van de toegevoegde waarde in subregio's: Oost-Europa (5,2%), Zuid-Europa (3,9%), West-Europa (3,1%) en Noord-Europa (2,4%).

Leiders. De toegevoegde waarde van Europa in de jaren 1970 bestond uit: Sovjet-Unie (25,5%), Duitsland (17,5%), Frankrijk (11,7%), Verenigd Koninkrijk (9,7%), Italië (8,0%), en andere (27,6%). De toegevoegde waarde per hoofd in Europa onder de leiders: Duitsland ($5.650,3), Frankrijk ($5.544,4), Verenigd Koninkrijk ($4.384,8), Italië ($3.708,7) en Sovjet-Unie ($2.574,9). De groei van de toegevoegde waarde onder de leiders: Sovjet-Unie (4,8%), Frankrijk (3,7%), Italië (3,5%), Duitsland (3,1%) en Verenigd Koninkrijk (2,0%).

de jaren 1980

De toegevoegde waarde van Europa bedroeg in de jaren 1980 US$5,1 biljoen per jaar. Het aandeel in de wereld was 34,8%.

De totale toegevoegde waarde van Europa bestond uit: diensten (36,8%), industrie (29,1%), handel (13,9%), transport (7,4%), bouw (7,0%) en landbouw (5,8%).

De toegevoegde waarde per hoofd in Europa was $6.647,9 in de jaren 1980s, en was vergelijkbaar met Zuid-Europa (US$6,7 duizend). De toegevoegde waarde per hoofd in Europa was in 2,2 keer hoger dan de toegevoegde waarde per hoofd van de bevolking in de wereld ($3.029,9).

De groei van de toegevoegde waarde in Europa bedroeg 2.6% in de jaren 1980, en was vergelijkbaar met Algerije (2,5%), Senegal (2,5%), San Marino (2,5%). De groei van de toegevoegde waarde in Europa (2,6%) was minder dan de groei van de toegevoegde waarde in de wereld (2,9%).

Vergelijking met regio's. De toegevoegde waarde van Europa was groter dan in Azië (US$3,4 biljoen), in Afrika (US$513,9 miljard) en in Oceanië (US$242,8 miljard); maar minder dan in Amerika (US$5,4 biljoen). De toegevoegde waarde per hoofd in Europa was groter dan in Azië (US$1.191,9) en in Afrika (US$948,7); maar minder dan in Oceanië (US$9,8 duizend) en in Amerika (US$8,2 duizend). De groei van de toegevoegde waarde in Europa was groter dan in Afrika (1,2%); maar minder dan in Azië (4,3%), in Oceanië (3,4%) en in Amerika (2,7%).

Subregio's. De toegevoegde waarde van Europa in de jaren 1980 bestond uit: West-Europa (40,7%), Oost-Europa (21,5%), Noord-Europa (19,2%) en Zuid-Europa (18,7%). De toegevoegde waarde per hoofd van de bevolking in subregio's: West-Europa ($11.965,9), Noord-Europa ($11.845,1), Zuid-Europa ($6.737,0) en Oost-Europa ($2.960,9). De groei van de toegevoegde waarde in subregio's: Oost-Europa (3,4%), Noord-Europa (2,8%), Zuid-Europa (2,6%) en West-Europa (2,1%).

Leiders. De toegevoegde waarde van Europa in de jaren 1980 bestond uit: Duitsland (17,8%), Sovjet-Unie (17,4%), Frankrijk (12,8%), Verenigd Koninkrijk (12,2%), Italië (10,9%), en andere (29,1%). De toegevoegde waarde per hoofd in Europa onder de leiders: Duitsland

($11.624,4), Frankrijk ($11.516,2), Verenigd Koninkrijk ($11.007,0), Italië ($9.753,9) en Sovjet-Unie ($3.222,9). De groei van de toegevoegde waarde onder de leiders: Sovjet-Unie (4,3%), Verenigd Koninkrijk (2,8%), Italië (2,7%), Frankrijk (2,2%) en Duitsland (2,0%).

de jaren 1990

De toegevoegde waarde van Europa bedroeg in de jaren 1990 US$8,9 biljoen per jaar. Het aandeel in de wereld was 32,6%.

De totale toegevoegde waarde van Europa bestond uit: diensten (43,1%), industrie (24,1%), handel (14,7%), transport (8,8%), bouw (6,2%) en landbouw (3,1%).

De toegevoegde waarde per hoofd in Europa was $12.269,4 in de jaren 1990s, en was vergelijkbaar met Cyprus (US$12,5 duizend), de Turks- en Caicoseilanden (US$12,6 duizend). De toegevoegde waarde per hoofd in Europa was in 2,6 keer hoger dan de toegevoegde waarde per hoofd van de bevolking in de wereld ($4.799,9).

De groei van de toegevoegde waarde in Europa bedroeg 1.3% in de jaren 1990. De groei van de toegevoegde waarde in Europa (1,3%) was minder dan de groei van de toegevoegde waarde in de wereld (2,7%).

Vergelijking met regio's. De toegevoegde waarde van Europa was groter dan in Azië (US$7,6 biljoen), in Afrika (US$561,8 miljard) en in Oceanië (US$411,7 miljard); maar minder dan in Amerika (US$9,9 biljoen). De toegevoegde waarde per hoofd in Europa was groter dan in Azië (US$2,2 duizend) en in Afrika (US$793,2); maar minder dan in Oceanië (US$14,2 duizend) en in Amerika (US$12,8 duizend). De groei van de toegevoegde waarde in Europa was minder dan in Azië (4,6%), in Oceanië (3,3%), in Amerika (2,8%) en in Afrika (2,3%).

Subregio's. De toegevoegde waarde van Europa in de jaren 1990 bestond uit: West-Europa (48,6%), Zuid-Europa (21,6%), Noord-Europa (21,6%) en Oost-Europa (8,1%). De toegevoegde waarde per hoofd van de bevolking in subregio's: West-Europa ($23.950,5), Noord-Europa ($20.770,7), Zuid-Europa ($13.386,3) en Oost-Europa ($2.351,0). De groei van de toegevoegde waarde in subregio's: Noord-Europa (2,6%), West-Europa (2,1%), Zuid-Europa (1,4%) en Oost-Europa (-3,7%).

Leiders. De toegevoegde waarde van Europa in de jaren 1990 bestond uit: Duitsland (22,2%), Frankrijk (14,4%), Verenigd Koninkrijk (13,9%), Italië (12,3%), Spanje (6,1%), en andere (31,1%). De toegevoegde waarde per hoofd in Europa onder de leiders: Duitsland ($24.519,7), Frankrijk ($21.588,1), Verenigd Koninkrijk ($21.414,8), Italië ($19.309,0) en Spanje ($13.754,9). De groei van de toegevoegde waarde onder de leiders: Verenigd Koninkrijk (2,4%), Spanje (2,2%), Duitsland (2,1%), Frankrijk (1,8%) en Italië (1,3%).

de jaren 2000

De toegevoegde waarde van Europa bedroeg in de jaren 2000 US$13,8 biljoen per jaar, en was vergelijkbaar met Noord-Amerika (US$13,6 biljoen). Het aandeel in de wereld was 31,2%.

De totale toegevoegde waarde van Europa bestond uit: diensten (46,4%), industrie (21,1%), handel (14,6%), transport (9,8%), constructie (6,1%) en landbouw (2,0%).

De toegevoegde waarde per hoofd in Europa was $18.944,1 in de jaren 2000s, en was vergelijkbaar met Frans-Polynesië (US$18,9 duizend), Griekenland (US$19,1 duizend), Amerika (US$18,6 duizend). De toegevoegde waarde per hoofd in Europa was in 2,8 keer hoger dan de toegevoegde waarde per hoofd van de bevolking in de wereld (US$6.818,0).

De groei van de toegevoegde waarde in Europa bedroeg 1.7% in de jaren 2000, en was vergelijkbaar met Noord-Europa (1,7%). De groei van de toegevoegde waarde in Europa (1,7%) was minder dan de groei van de toegevoegde waarde in de wereld (2,9%).

Vergelijking met regio's. De toegevoegde waarde van Europa was groter dan in Azië (US$12,3 biljoen), in Afrika (US$1,1 biljoen) en in Oceanië (US$768,7 miljard); maar minder dan in Amerika (US$16,4 biljoen). De toegevoegde waarde per hoofd in Europa was groter dan in Amerika (US$18,6 duizend), in Azië (US$3,1 duizend) en in Afrika (US$1.165,9); maar minder dan in Oceanië (US$23,1 duizend). De groei van de toegevoegde waarde in Europa was minder dan in Azië (5,1%), in Afrika (4,9%), in Oceanië (3,0%) en in Amerika (1,9%).

Subregio's. De toegevoegde waarde van Europa in de jaren 2000 bestond uit: West-Europa (43,5%), Noord-Europa (23,9%), Zuid-Europa (22,2%) en Oost-Europa (10,4%). De toegevoegde waarde per hoofd van de bevolking in subregio's: Noord-Europa ($34.380,7), West-Europa ($32.148,7), Zuid-Europa ($20.684,6) en Oost-Europa ($4.829,4). De groei van de toegevoegde waarde in subregio's: Oost-Europa (4,4%), Noord-Europa (1,7%), Zuid-Europa (1,5%) en West-Europa (1,2%).

Leiders. De toegevoegde waarde van Europa in de jaren 2000 bestond uit: Duitsland (18,1%), Verenigd Koninkrijk (15,1%), Frankrijk (13,6%), Italië (11,4%), Spanje (7,2%), en andere (34,6%). De toegevoegde waarde per hoofd in Europa onder de leiders: Verenigd Koninkrijk ($34.611,1), Duitsland ($30.717,6), Frankrijk ($30.028,4), Italië ($27.282,9) en Spanje ($22.708,3). De groei van de toegevoegde waarde onder de leiders: Spanje (2,7%), Verenigd Koninkrijk (1,7%), Frankrijk (1,4%), Duitsland (0,65%) en Italië (0,51%).

de jaren 2010

De toegevoegde waarde van Europa bedroeg in de jaren 2010 US$18,8 biljoen per jaar. Het aandeel in de wereld was 25,4%.

De totale toegevoegde waarde van Europa bestond uit: diensten (48,4%), industrie (20,1%), handel (14,3%), transport (9,6%), constructie (5,6%) en landbouw (1,9%).

De toegevoegde waarde per hoofd in Europa was $25.251,2 in de jaren 2010s, en was vergelijkbaar met Amerika (US$25,4 duizend). De toegevoegde waarde per hoofd in Europa was in 2,5 keer hoger dan de toegevoegde waarde per hoofd van de bevolking in de wereld ($10.094,6).

De groei van de toegevoegde waarde in Europa bedroeg 1.6% in de jaren 2010, en was vergelijkbaar met Liberia (1,6%). De groei van de toegevoegde waarde in Europa (1,6%) was minder dan de groei van de toegevoegde waarde in de wereld (3,1%).

Vergelijking met regio's. De toegevoegde waarde van Europa was 8,5 keer groter dan in Afrika (US$2,2 biljoen) en 12,1 keer groter dan in Oceanië (US$1,5 biljoen); maar 29,7% minder dan in Azië (US$26,7 biljoen) en 24,1% minder dan in Amerika (US$24,8 biljoen). De toegevoegde waarde per hoofd in Europa was 4,2 keer groter dan in Azië (US$6,1 duizend) en 13,4 keer groter dan in Afrika (US$1.886,4); maar 35,9% minder dan in Oceanië (US$39,4 duizend) en 0,63% minder dan in Amerika (US$25,4 duizend). De groei van de toegevoegde waarde in Europa was minder dan in Azië (5,3%), in Afrika (2,7%), in Oceanië (2,5%) en in Amerika (2,1%).

Subregio's. De toegevoegde waarde van Europa in de jaren 2010 bestond uit: West-Europa (42,9%), Noord-Europa (22,5%), Zuid-Europa (19,5%) en Oost-Europa (15,1%). De toegevoegde waarde per hoofd van de bevolking in subregio's: West-Europa ($41.540,7), Noord-Europa ($41.159,1), Zuid-Europa ($23.978,7) en Oost-Europa ($9.621,0). De groei van de toegevoegde waarde in subregio's: Oost-Europa (2,2%), Noord-Europa (2,1%), West-Europa (1,7%) en Zuid-Europa (0,50%).

Leiders. De toegevoegde waarde van Europa in de jaren 2010 bestond uit: Duitsland (17,6%), Verenigd Koninkrijk (13,1%), Frankrijk (12,8%), Italië (9,8%), Rusland (8,3%), en andere (38,3%). De toegevoegde waarde per hoofd in Europa onder de leiders: Duitsland ($40.346,4), Verenigd Koninkrijk ($37.659,6), Frankrijk ($36.240,0), Italië ($30.684,4) en Rusland ($10.792,3). De groei van de toegevoegde waarde onder de leiders: Duitsland (1,9%), Verenigd Koninkrijk (1,8%), Rusland (1,7%), Frankrijk (1,3%) en Italië (0,30%).

Hoofdstuk III. Bruto nationaal inkomen

Het BNI van Europa steeg van US$2,7 biljoen per jaar in de jaren 1970 tot US$20,9 biljoen per jaar in de jaren 2010, dat wil zeggen met US$18,2 biljoen of 7,7 keer. De verandering vond plaats op US$15,0 biljoen als gevolg van een 3,5-voudige stijging van de prijzen, en ook op US$3,2 biljoen als gevolg van een 2,1-voudige toename van de productiviteit , evenals op US$69,4 miljard als gevolg van de toename van de bevolking. De gemiddelde jaarlijkse groei van het BNI is 2,1%. De minimumwaarde van het bruto nationaal inkomen bedroeg US$1,4 biljoen in 1970. De maximumwaarde van het bruto nationaal inkomen bedroeg US$22,3 biljoen in 2014.

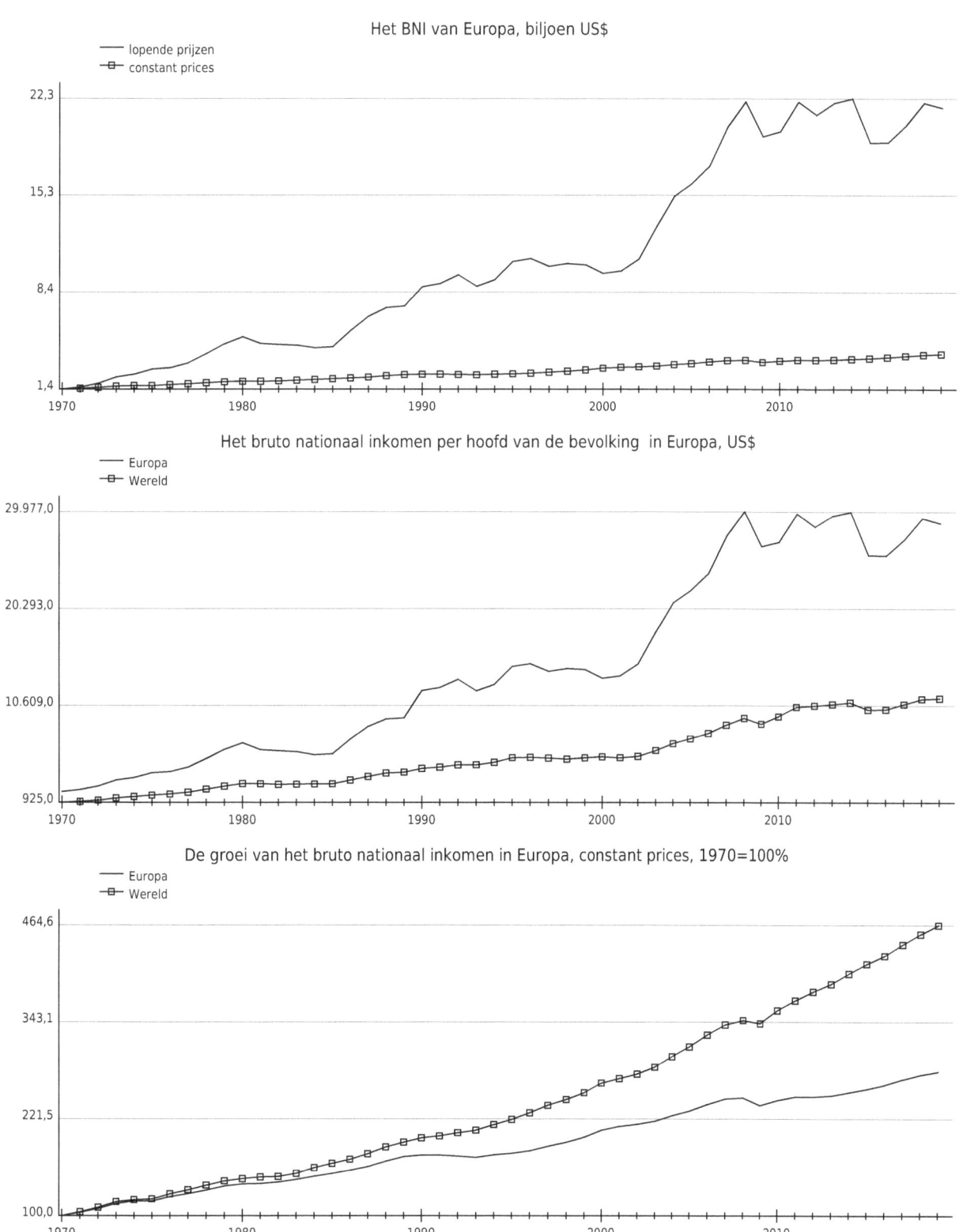

Het BNI van Europa, biljoen US$

De groei van het bruto nationaal inkomen in Europa, constant prices, 1970=100%

de jaren 1970

Het bruto nationaal inkomen van Europa bedroeg in de jaren 1970 US$2,7 biljoen per jaar. Het aandeel in de wereld was 41,3%.

Het bruto nationaal inkomen per hoofd in Europa was $3.730,2 in de jaren 1970s. Het BNI per hoofd in Europa was in 2,3 keer hoger dan het bruto nationaal inkomen per hoofd van de bevolking in de wereld ($1.624,3).

De groei van het BNI in Europa bedroeg 3.6% in de jaren 1970, en was vergelijkbaar met Finland (3,5%), Noord-Amerika (3,5%), Iran (3,5%). De groei van het bruto nationaal inkomen in Europa (3,6%) was minder dan de groei van het bruto nationaal inkomen in de wereld (4,1%).

Vergelijking met regio's. Het bruto nationaal inkomen van Europa was groter dan in Amerika (US$2,3 biljoen), in Azië (US$1,2 biljoen), in Afrika (US$259,5 miljard) en in Oceanië (US$113,8 miljard). Het bruto nationaal inkomen per hoofd in Europa was groter dan in Afrika (US$632,4) en in Azië (US$529,4); maar minder dan in Oceanië (US$5,3 duizend) en in Amerika (US$4,0 duizend). De groei van het bruto nationaal inkomen in Europa was groter dan in Oceanië (2,8%); maar minder dan in Azië (5,5%), in Afrika (4,7%) en in Amerika (4,0%).

Subregio's. Het BNI van Europa in de jaren 1970 bestond uit: West-Europa (40,3%), Oost-Europa (28,5%), Noord-Europa (16,1%) en Zuid-Europa (15,1%). Het BNI per hoofd van de bevolking in subregio's: West-Europa ($6.410,9), Noord-Europa ($5.349,9), Zuid-Europa ($3.088,5) en Oost-Europa ($2.259,8). De groei van het bruto nationaal inkomen in subregio's: Oost-Europa (5,3%), Zuid-Europa (4,1%), West-Europa (3,1%) en Noord-Europa (2,6%).

Leiders. Het BNI van Europa in de jaren 1970 bestond uit: Sovjet-Unie (24,0%), Duitsland (18,0%), Frankrijk (12,4%), Verenigd Koninkrijk (9,4%), Italië (8,1%), en andere (28,1%). Het BNI per hoofd in Europa onder de leiders: Frankrijk ($6.235,1), Duitsland ($6.174,4), Verenigd Koninkrijk ($4.563,8), Italië ($3.975,9) en Sovjet-Unie ($2.574,9). De groei van het BNI onder de leiders: Sovjet-Unie (4,8%), Frankrijk (3,9%), Italië (3,8%), Duitsland (3,0%) en Verenigd Koninkrijk (2,5%).

de jaren 1980

Het bruto nationaal inkomen van Europa bedroeg in de jaren 1980 US$5,5 biljoen per jaar, en was vergelijkbaar met Amerika (US$5,3 biljoen). Het aandeel in de wereld was 36,2%.

Het bruto nationaal inkomen per hoofd in Europa was $7.107,7 in de jaren 1980s, en was vergelijkbaar met Zuid-Europa (US$7,2 duizend), Singapore (US$7,2 duizend), Ierland (US$7,3 duizend). Het BNI per hoofd in Europa was in 2,3 keer hoger dan het bruto nationaal inkomen per hoofd van de bevolking in de wereld ($3.117,1).

De groei van het bruto nationaal inkomen in Europa bedroeg 2.4% in de jaren 1980, en was vergelijkbaar met Kameroen (2,4%), Italië (2,4%), Jemen (2,5%). De groei van het bruto nationaal inkomen in Europa (2,4%) was minder dan de groei van het bruto nationaal inkomen in de wereld (3,0%).

Vergelijking met regio's. Het BNI van Europa was groter dan in Amerika (US$5,3 biljoen), in Azië (US$3,5 biljoen), in Afrika (US$518,8 miljard) en in Oceanië (US$251,2 miljard). Het bruto nationaal inkomen per hoofd in Europa was groter dan in Azië (US$1.233,8) en in Afrika (US$957,8); maar minder dan in Oceanië (US$10,1 duizend) en in Amerika (US$8,1 duizend). De groei van het BNI in Europa was groter dan in Afrika (1,6%); maar minder dan in Azië (4,6%), in Oceanië (2,9%) en in Amerika (2,8%).

Subregio's. Het bruto nationaal inkomen van Europa in de jaren 1980 bestond uit: West-Europa (42,0%), Oost-Europa (20,2%), Noord-Europa (19,2%) en Zuid-Europa (18,6%). Het BNI per hoofd van de bevolking in subregio's: West-Europa ($13.221,5), Noord-Europa ($12.662,5), Zuid-Europa ($7.175,8) en Oost-Europa ($2.975,9). De groei van het bruto nationaal inkomen in subregio's: Oost-Europa (3,3%), Zuid-Europa (2,4%), Noord-Europa (2,3%) en West-Europa (2,2%).

Leiders. Het BNI van Europa in de jaren 1980 bestond uit: Duitsland (18,3%), Sovjet-Unie (16,3%), Frankrijk (13,4%), Verenigd Koninkrijk (12,0%), Italië (10,9%), en andere (29,2%). Het bruto nationaal inkomen per hoofd in Europa onder de leiders: Frankrijk ($12.952,6), Duitsland ($12.771,0), Verenigd Koninkrijk ($11.559,5), Italië ($10.422,9) en Sovjet-Unie ($3.222,9). De groei van het BNI onder de leiders: Sovjet-Unie (4,3%), Italië (2,4%), Frankrijk (2,3%), Verenigd Koninkrijk (2,2%) en Duitsland (2,0%).

de jaren 1990

Het BNI van Europa bedroeg in de jaren 1990 US$9,8 biljoen per jaar, en was vergelijkbaar met Amerika (US$9,9 biljoen). Het aandeel in de wereld was 34,3%.

Het BNI per hoofd in Europa was $13.437,3 in de jaren 1990s, en was vergelijkbaar met Cyprus (US$13,3 duizend). Het BNI per hoofd in Europa was in 2,7 keer hoger dan het bruto nationaal inkomen per hoofd van de bevolking in de wereld ($4.991,4).

De groei van het bruto nationaal inkomen in Europa bedroeg 1.3% in de jaren 1990. De groei van het bruto nationaal inkomen in Europa (1,3%) was minder dan de groei van het BNI in de wereld (2,8%).

Vergelijking met regio's. Het bruto nationaal inkomen van Europa was groter dan in Azië (US$7,8 biljoen), in Afrika (US$566,5 miljard) en in Oceanië (US$429,8 miljard); maar minder dan in Amerika (US$9,9 biljoen). Het bruto nationaal inkomen per hoofd in Europa was groter dan in Amerika (US$12,8 duizend), in Azië (US$2,3 duizend) en in Afrika (US$799,7); maar minder dan in Oceanië (US$14,9 duizend). De groei van het bruto nationaal inkomen in Europa was minder dan in Azië (4,6%), in Oceanië (3,3%), in Amerika (3,2%) en in Afrika (2,5%).

Subregio's. Het BNI van Europa in de jaren 1990 bestond uit: West-Europa (49,2%), Zuid-Europa (21,5%), Noord-Europa (21,5%) en Oost-Europa (7,9%). Het BNI per hoofd van de bevolking in subregio's: West-Europa ($26.535,9), Noord-Europa ($22.598,9), Zuid-Europa ($14.567,7) en Oost-Europa ($2.483,7). De groei van het bruto nationaal inkomen in subregio's: Noord-Europa (2,5%), West-Europa (2,1%), Zuid-Europa (1,7%) en Oost-Europa (-4,0%).

Leiders. Het BNI van Europa in de jaren 1990 bestond uit: Duitsland (22,3%), Frankrijk (14,8%), Verenigd Koninkrijk (13,7%), Italië (12,3%), Spanje (6,0%), en andere (31,0%). Het BNI per hoofd in Europa onder de leiders: Duitsland ($27.004,0), Frankrijk ($24.286,5), Verenigd Koninkrijk ($23.037,3), Italië ($21.071,3) en Spanje ($14.670,4). De groei van het BNI onder de leiders: Spanje (2,7%), Frankrijk (2,2%), Verenigd Koninkrijk (2,0%), Duitsland (2,0%) en Italië (1,5%).

de jaren 2000

Het bruto nationaal inkomen van Europa bedroeg in de jaren 2000 US$15,4 biljoen per jaar. Het aandeel in de wereld was 33,1%.

Het bruto nationaal inkomen per hoofd in Europa was $21.073,1 in de jaren 2000s, en was vergelijkbaar met Frans-Polynesië (US$21,0 duizend), Griekenland (US$21,2 duizend). Het bruto nationaal inkomen per hoofd in Europa was in 2,9 keer hoger dan het bruto nationaal inkomen per hoofd van de bevolking in de wereld ($7.165,2).

De groei van het bruto nationaal inkomen in Europa bedroeg 1.8% in de jaren 2000, en was vergelijkbaar met Noord-Amerika (1,8%), Oostenrijk (1,8%). De groei van het BNI in Europa (1,8%) was minder dan de groei van het BNI in de wereld (3,0%).

Vergelijking met regio's. Het BNI van Europa was groter dan in Azië (US$12,6 biljoen), in Afrika (US$1,1 biljoen) en in Oceanië (US$800,3 miljard); maar minder dan in Amerika (US$16,7 biljoen). Het bruto nationaal inkomen per hoofd in Europa was groter dan in Amerika (US$19,0 duizend), in Azië (US$3,2 duizend) en in Afrika (US$1.185,1); maar minder dan in Oceanië (US$24,0 duizend). De groei van het bruto nationaal inkomen in Europa was minder dan in Azië (5,3%), in Afrika (5,1%), in Oceanië (2,9%) en in Amerika (2,1%).

Subregio's. Het bruto nationaal inkomen van Europa in de jaren 2000 bestond uit: West-Europa (43,6%), Noord-Europa (24,0%), Zuid-Europa (22,0%) en Oost-Europa (10,4%). Het bruto nationaal inkomen per hoofd van de bevolking in subregio's: Noord-Europa ($38.358,0), West-Europa ($35.905,0), Zuid-Europa ($22.784,1) en Oost-Europa ($5.358,0). De groei van het bruto nationaal inkomen in subregio's: Oost-Europa (4,7%), Noord-Europa (1,9%), Zuid-Europa (1,4%) en West-Europa (1,3%).

Leiders. Het BNI van Europa in de jaren 2000 bestond uit: Duitsland (18,1%), Verenigd Koninkrijk (15,1%), Frankrijk (13,9%), Italië (11,4%), Spanje (7,0%), en andere (34,6%). Het bruto nationaal inkomen per hoofd in Europa onder de leiders: Verenigd Koninkrijk ($38.514,5), Duitsland ($34.189,0), Frankrijk ($33.992,0), Italië ($30.230,3) en Spanje ($24.520,0). De groei van het BNI onder de leiders: Spanje (2,5%), Verenigd Koninkrijk (1,7%), Frankrijk (1,5%), Duitsland (1,0%) en Italië (0,53%).

de jaren 2010

Het bruto nationaal inkomen van Europa bedroeg in de jaren 2010 US$20,9 biljoen per jaar. Het aandeel in de wereld was 26,9%.

Het bruto nationaal inkomen per hoofd in Europa was $28.141,7 in de jaren 2010s, en was vergelijkbaar met de Turks- en Caicoseilanden (US$27,7 duizend), Spanje (US$28,7 duizend), Zuid-Korea (US$28,8 duizend). Het BNI per hoofd in Europa was in 2,7 keer hoger dan het bruto nationaal inkomen per hoofd van de bevolking in de wereld ($10.611,7).

De groei van het bruto nationaal inkomen in Europa bedroeg 1.6% in de jaren 2010. De groei van het bruto nationaal inkomen in Europa (1,6%) was minder dan de groei van het bruto nationaal inkomen in de wereld (3,1%).

Vergelijking met regio's. Het BNI van Europa was 9,4 keer groter dan in Afrika (US$2,2 biljoen) en 13,0 keer groter dan in Oceanië (US$1,6 biljoen); maar 23,7% minder dan in Azië (US$27,5 biljoen) en 18,2% minder dan in Amerika (US$25,6 biljoen). Het BNI per hoofd in Europa was 7,2% groter dan in Amerika (US$26,3 duizend), 4,5 keer groter dan in Azië (US$6,2 duizend) en 14,7 keer groter dan in Afrika (US$1.913,3); maar 31,4% minder dan in Oceanië (US$41,1 duizend). De groei van het bruto nationaal inkomen in Europa was minder dan in Azië (5,2%), in Afrika (2,9%), in Oceanië (2,7%) en in Amerika (2,3%).

Subregio's. Het BNI van Europa in de jaren 2010 bestond uit: West-Europa (43,2%), Noord-Europa (22,4%), Zuid-Europa (19,4%) en Oost-Europa (14,9%). Het BNI per hoofd van de bevolking in subregio's: West-Europa ($46.699,6), Noord-Europa ($45.634,2), Zuid-Europa ($26.617,2) en Oost-Europa ($10.594,2). De groei van het bruto nationaal inkomen in subregio's: Oost-Europa (2,4%), Noord-Europa (2,0%), West-Europa (1,7%) en Zuid-Europa (0,61%).

Leiders. Het BNI van Europa in de jaren 2010 bestond uit: Duitsland (17,9%), Frankrijk (13,1%), Verenigd Koninkrijk (13,0%), Italië (9,8%), Rusland (8,2%), en andere (37,9%). Het bruto nationaal inkomen per hoofd in Europa onder de leiders: Duitsland ($45.801,3), Verenigd Koninkrijk ($41.587,9), Frankrijk ($41.404,4), Italië ($34.208,1) en Rusland ($11.894,6). De groei van het bruto nationaal inkomen onder de leiders: Duitsland (2,0%), Rusland (1,9%), Verenigd Koninkrijk (1,7%), Frankrijk (1,4%) en Italië (0,34%).

Part II. Structuur

Hoofdstuk IV. Landbouw

Landbouw, jacht, bosbouw, vissen (ISIC A-B)

De sector van de landbouw in Europa steeg van US$194,6 miljard per jaar in de jaren 1970 tot US$365,8 miljard per jaar in de jaren 2010, dat wil zeggen met US$171,2 miljard of 88,0%. De verandering vond plaats op US$98,5 miljard als gevolg van een 1,4-voudige stijging van de prijzen, en ook op US$67,7 miljard als gevolg van een 1,3-voudige toename van de productiviteit , evenals op US$5,0 miljard als gevolg van de toename van de bevolking. De gemiddelde jaarlijkse groei van de landbouw is 1,1%. De minimumwaarde van de landbouw bedroeg US$129,9 miljard in 1970. De maximumwaarde van de landbouw bedroeg US$401,5 miljard in 2014.

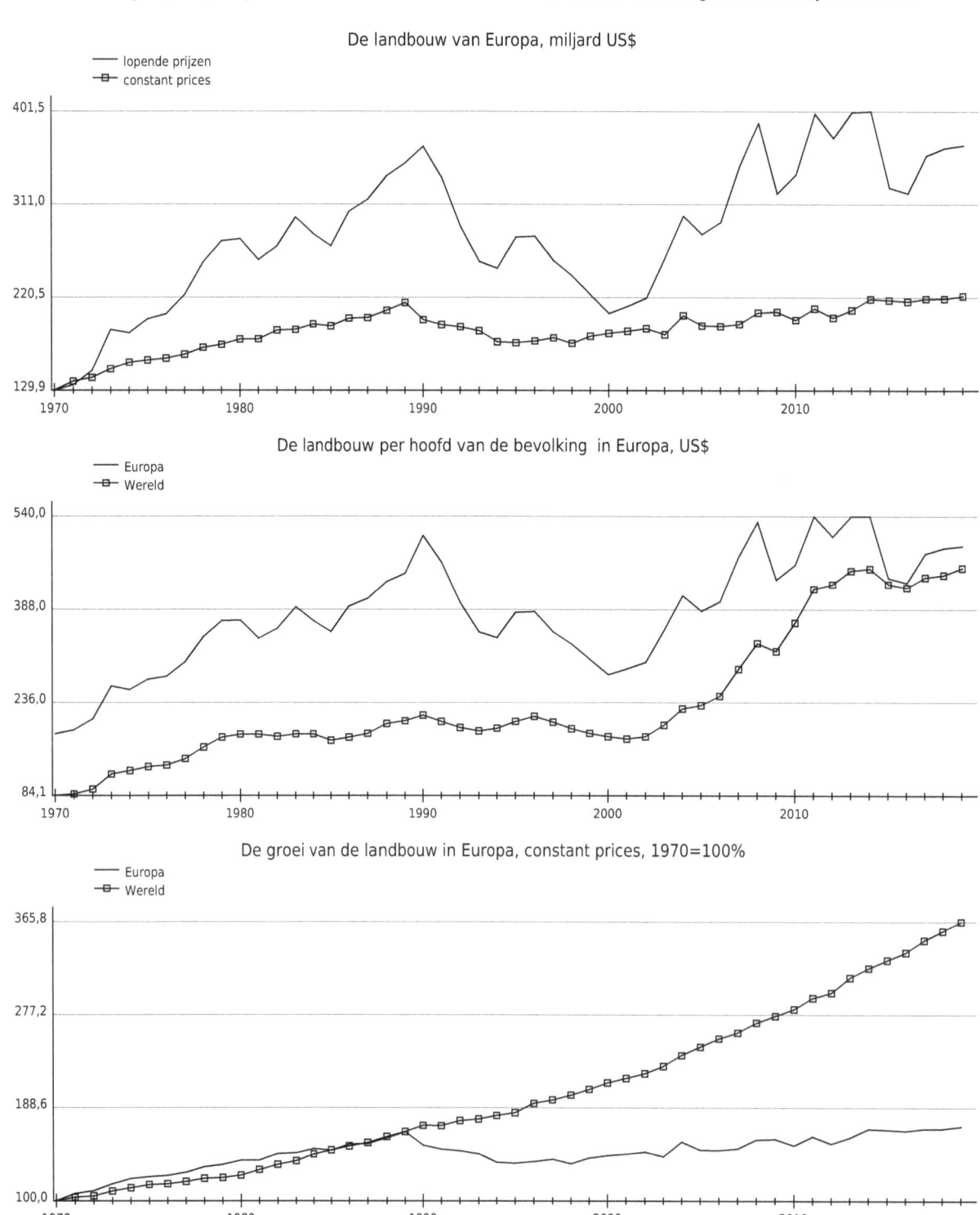

De landbouw van Europa, miljard US$

De landbouw per hoofd van de bevolking in Europa, US$

De groei van de landbouw in Europa, constant prices, 1970=100%

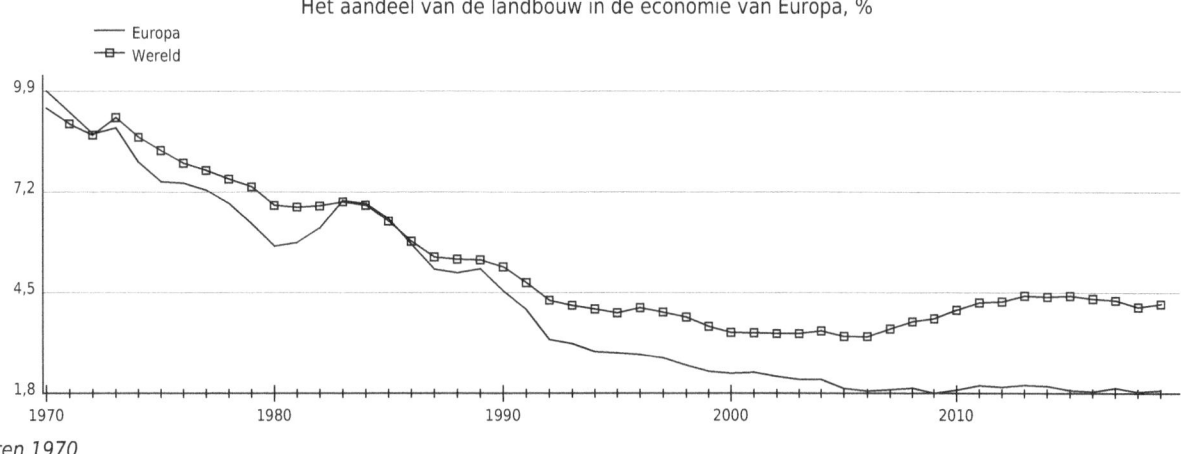

Het aandeel van de landbouw in de economie van Europa, %

de jaren 1970

De landbouw van Europa bedroeg in de jaren 1970 US$194,6 miljard per jaar. Het aandeel in de wereld was 37,8%.

Het aandeel van de landbouw in de economie van Europa was 7,7% in de jaren 1970, en was vergelijkbaar met Tsjecho-Slowakije (7,7%), Iran (7,6%).

De waarde van de landbouw per hoofd in Europa was $268,3 in de jaren 1970s, en was vergelijkbaar met Zuid-Europa (US$268,5), Italië (US$265,7), Nauru (US$271,0). De landbouw per hoofd in Europa was in 2,1 keer hoger dan de landbouw per hoofd van de bevolking in de wereld ($127,6).

De groei van de landbouw in Europa bedroeg 3.3% in de jaren 1970, en was vergelijkbaar met Centraal-Amerika (3,3%). De groei van de landbouw in Europa (3,3%) was groter dan de groei van de landbouw in de wereld (2,2%).

Vergelijking met regio's. De landbouw van Europa was groter dan in Azië (US$178,2 miljard), in Amerika (US$88,5 miljard), in Afrika (US$46,1 miljard) en in Oceanië (US$8,1 miljard). De toegevoegde waarde van de landbouw per hoofd in Europa was groter dan in Amerika (US$158,1), in Afrika (US$112,2) en in Azië (US$76,7); maar minder dan in Oceanië (US$377,5). De groei van de landbouw in Europa was groter dan in Oceanië (2,4%), in Azië (2,0%), in Amerika (1,9%) en in Afrika (1,7%).

Subregio's. De toegevoegde waarde van de landbouw in Europa in de jaren 1970 bestond uit: Oost-Europa (53,8%), West-Europa (19,4%), Zuid-Europa (18,3%) en Noord-Europa (8,6%). Het aandeel van de landbouw in de economie van subregio's: Oost-Europa (13,6%), Zuid-Europa (9,3%), Noord-Europa (4,1%) en West-Europa (3,8%). De landbouw per hoofd van de bevolking in subregio's: Oost-Europa ($306,3), Zuid-Europa ($268,5), West-Europa ($222,0) en Noord-Europa ($204,9). De groei van de landbouw in subregio's: Oost-Europa (6,4%), West-Europa (2,2%), Zuid-Europa (1,3%) en Noord-Europa (0,98%).

Leiders. De sector van de landbouw in Europa in de jaren 1970 bestond uit: Sovjet-Unie (45,6%), Frankrijk (8,5%), Italië (7,5%), Duitsland (6,1%), Spanje (4,5%), en andere (27,8%). Het aandeel van de landbouw in economie van de leiders: Sovjet-Unie (13,7%), Spanje (8,7%), Italië (7,2%), Frankrijk (5,6%) en Duitsland (2,7%). De sector van de landbouw per hoofd in Europa onder de leiders: Sovjet-Unie ($351,8), Frankrijk ($310,2), Italië ($265,7), Spanje ($245,2) en Duitsland ($150,6). De groei van de landbouw onder de leiders: Sovjet-Unie (7,0%), Frankrijk (2,8%), Spanje (2,6%), Duitsland (1,2%) en Italië (0,13%).

de jaren 1980

De sector van de landbouw in Europa bedroeg in de jaren 1980 US$296,5 miljard per jaar. Het aandeel in de wereld was 32,9%.

Het aandeel van de landbouw in de economie van Europa was 5,8% in de jaren 1980, en was vergelijkbaar met Venezuela (5,8%).

De waarde van de landbouw per hoofd in Europa was $386,3 in de jaren 1980s, en was vergelijkbaar met Mauritanië (US$390,2). De sector van de landbouw per hoofd in Europa was in 2,1 keer hoger dan de landbouw per hoofd van de bevolking in de wereld ($186,6).

De groei van de landbouw in Europa bedroeg 2.1% in de jaren 1980. De groei van de landbouw in Europa (2,1%) was minder dan de groei van de landbouw in de wereld (3,1%).

Vergelijking met regio's. De sector van de landbouw in Europa was groter dan in Amerika (US$157,4 miljard), in Afrika (US$86,2 miljard) en in Oceanië (US$13,5 miljard); maar minder dan in Azië (US$348,3 miljard). De sector van de landbouw per hoofd in Europa was groter dan in Amerika (US$237,6), in Afrika (US$159,2) en in Azië (US$122,8); maar minder dan in Oceanië (US$545,9). De groei van de landbouw in Europa was groter dan in Oceanië (2,0%); maar minder dan in Azië (3,8%), in Afrika (2,8%) en in Amerika (2,6%).

Subregio's. De waarde van de landbouw in Europa in de jaren 1980 bestond uit: Oost-Europa (51,2%), Zuid-Europa (19,9%), West-Europa (19,2%) en Noord-Europa (9,7%). Het aandeel van de landbouw in de economie van subregio's: Oost-Europa (13,9%), Zuid-Europa (6,2%), Noord-Europa (2,9%) en West-Europa (2,7%). De landbouw per hoofd van de bevolking in subregio's: Zuid-Europa ($417,5), Oost-Europa ($410,3), Noord-Europa ($346,5) en West-Europa ($328,8). De groei van de landbouw in subregio's: Oost-Europa (2,4%), Noord-Europa (2,3%), West-Europa (1,9%) en Zuid-Europa (1,7%).

Leiders. De landbouw van Europa in de jaren 1980 bestond uit: Sovjet-Unie (42,4%), Italië (8,7%), Frankrijk (8,2%), Duitsland (5,5%), Spanje (4,6%), en andere (30,7%). Het aandeel van de landbouw in economie van de leiders: Sovjet-Unie (14,2%), Spanje (5,7%), Italië (4,6%), Frankrijk (3,7%) en Duitsland (1,8%). De toegevoegde waarde van de landbouw per hoofd in Europa onder de leiders: Sovjet-Unie ($457,2), Italië ($453,3), Frankrijk ($428,2), Spanje ($350,5) en Duitsland ($207,4). De groei van de landbouw onder de leiders: Sovjet-Unie (2,8%), Spanje (2,4%), Frankrijk (2,1%), Italië (1,9%) en Duitsland (1,8%).

de jaren 1990

De sector van de landbouw in Europa bedroeg in de jaren 1990 US$277,7 miljard per jaar. Het aandeel in de wereld was 24,4%.

Het aandeel van de landbouw in de economie van Europa was 3,1% in de jaren 1990.

De toegevoegde waarde van de landbouw per hoofd in Europa was $382,2 in de jaren 1990s, en was vergelijkbaar met Noord-Amerika (US$380,2), Vanuatu (US$378,9), Fiji (US$375,5). De toegevoegde waarde van de landbouw per hoofd in Europa was 91,3% hoger dan de landbouw per hoofd van de bevolking in de wereld ($199,8).

De groei van de landbouw in Europa bedroeg -1.6% in de jaren 1990. De groei van de landbouw in Europa (-1,6%) was minder dan de groei van de landbouw in de wereld (2,2%).

Vergelijking met regio's. De waarde van de landbouw in Europa was groter dan in Amerika (US$222,9 miljard), in Afrika (US$95,3 miljard) en in Oceanië (US$17,6 miljard); maar minder dan in Azië (US$525,3 miljard). De landbouw per hoofd in Europa was groter dan in Amerika (US$288,9), in Azië (US$151,6) en in Afrika (US$134,5); maar minder dan in Oceanië (US$608,8). De groei van de landbouw in Europa was minder dan in Oceanië (3,7%), in Azië (3,2%), in Afrika (2,8%) en in Amerika (2,4%).

Subregio's. De toegevoegde waarde van de landbouw in Europa in de jaren 1990 bestond uit: Zuid-Europa (30,1%), West-Europa (29,8%), Oost-Europa (25,2%) en Noord-Europa (14,9%). Het aandeel van de landbouw in de economie van subregio's: Oost-Europa (9,6%), Zuid-Europa (4,3%), Noord-Europa (2,2%) en West-Europa (1,9%). De landbouw per hoofd van de bevolking in subregio's: Zuid-Europa ($580,9), West-Europa ($457,0), Noord-Europa ($446,7) en Oost-Europa ($226,3). De groei van de landbouw in subregio's: Zuid-Europa (1,5%), Noord-Europa (1,2%), West-Europa (0,28%) en Oost-Europa (-6,4%).

Leiders. De landbouw van Europa in de jaren 1990 bestond uit: Italië (13,1%), Rusland (13,0%), Frankrijk (12,7%), Spanje (8,9%), Duitsland (8,0%), en andere (44,3%). Het aandeel van de landbouw in economie van de leiders: Rusland (9,2%), Spanje (4,5%), Italië (3,3%), Frankrijk (2,8%) en Duitsland (1,1%). De sector van de landbouw per hoofd in Europa onder de leiders: Italië ($636,4), Spanje ($623,0), Frankrijk ($595,9), Duitsland ($275,5) en Rusland ($243,9). De groei van de landbouw onder de leiders: Spanje (3,0%), Italië (2,4%), Frankrijk (2,4%), Duitsland (-3,0%) en Rusland (-5,3%).

de jaren 2000

De sector van de landbouw in Europa bedroeg in de jaren 2000 US$282,9 miljard per jaar, en was vergelijkbaar met Amerika (US$287,7 miljard). Het aandeel in de wereld was 18,1%.

Het aandeel van de landbouw in de economie van Europa was 2,0% in de jaren 2000.

De waarde van de landbouw per hoofd in Europa was $387,0 in de jaren 2000s, en was vergelijkbaar met Roemenië (US$385,4), de Comoren (US$390,6), Hongarije (US$380,1). De toegevoegde waarde van de landbouw per hoofd in Europa was 61,0% hoger dan de landbouw per hoofd van de bevolking in de wereld ($240,3).

De groei van de landbouw in Europa bedroeg 1.2% in de jaren 2000. De groei van de landbouw in Europa (1,2%) was minder dan de groei van de landbouw in de wereld (3,0%).

Vergelijking met regio's. De toegevoegde waarde van de landbouw in Europa was groter dan in Afrika (US$165,0 miljard) en in Oceanië (US$26,9 miljard); maar minder dan in Azië (US$800,3 miljard) en in Amerika (US$287,7 miljard). De waarde van de landbouw per hoofd in Europa was groter dan in Amerika (US$327,5), in Azië (US$202,4) en in Afrika (US$182,0); maar minder dan in Oceanië (US$806,4). De groei van de landbouw in Europa was minder dan in Afrika (5,1%), in Azië (3,1%), in Amerika (2,7%) en in Oceanië (1,5%).

Subregio's. De waarde van de landbouw in Europa in de jaren 2000 bestond uit: Zuid-Europa (31,7%), West-Europa (29,0%), Oost-Europa (25,1%) en Noord-Europa (14,1%). Het aandeel van de landbouw in de economie van subregio's: Oost-Europa (4,9%), Zuid-Europa (2,9%), West-Europa (1,4%) en Noord-Europa (1,2%). De landbouw per hoofd van de bevolking in subregio's: Zuid-Europa ($602,9), West-Europa ($439,0), Noord-Europa ($413,8) en Oost-Europa ($238,1). De groei van de landbouw in subregio's: Oost-Europa (2,9%), West-Europa (1,1%), Noord-Europa (0,82%) en Zuid-Europa (-0,100%).

Leiders. De toegevoegde waarde van de landbouw in Europa in de jaren 2000 bestond uit: Italië (13,1%), Frankrijk (12,6%), Rusland (11,9%), Spanje (10,8%), Duitsland (8,2%), en andere (43,5%). Het aandeel van de landbouw in economie van de leiders: Rusland (4,9%), Spanje (3,1%), Italië (2,3%), Frankrijk (1,9%) en Duitsland (0,92%). De waarde van de landbouw per hoofd in Europa onder de leiders: Spanje ($700,2), Italië ($638,1), Frankrijk ($565,3), Duitsland ($283,6) en Rusland ($232,9). De groei van de landbouw onder de leiders: Rusland (3,6%), Duitsland (1,9%), Frankrijk (0,86%), Spanje (0,58%) en Italië (-0,59%).

de jaren 2010

De sector van de landbouw in Europa bedroeg in de jaren 2010 US$365,8 miljard per jaar, en was vergelijkbaar met India (US$363,4 miljard). Het aandeel in de wereld was 11,5%.

Het aandeel van de landbouw in de economie van Europa was 1,9% in de jaren 2010, en was vergelijkbaar met Amerika (2,0%).

De landbouw per hoofd in Europa was $491,7 in de jaren 2010s, en was vergelijkbaar met Centraal-Azië (US$492,5), Melanesië (US$493,3), Noord-Europa (US$487,0). De waarde van de landbouw per hoofd in Europa was 13,8% hoger dan de landbouw per hoofd van de bevolking in de wereld ($432,1).

De groei van de landbouw in Europa bedroeg 0.7% in de jaren 2010. De groei van de landbouw in Europa (0,73%) was minder dan de groei van de landbouw in de wereld (2,9%).

Vergelijking met regio's. De sector van de landbouw in Europa was 6,4% groter dan in Afrika (US$343,8 miljard) en 7,5 keer groter dan in Oceanië (US$48,8 miljard); maar 5,3 keer minder dan in Azië (US$1,9 biljoen) en 24,7% minder dan in Amerika (US$486,1 miljard). De waarde van de landbouw per hoofd in Europa was 12,6% groter dan in Azië (US$436,7) en 67,1% groter dan in Afrika (US$294,3); maar 2,5 keer minder dan in Oceanië (US$1.242,3) en 1,4% minder dan in Amerika (US$498,8). De groei van de landbouw in Europa was groter dan in Oceanië (-0,30%); maar minder dan in Afrika (3,7%), in Azië (3,3%) en in Amerika (2,2%).

Subregio's. De sector van de landbouw in Europa in de jaren 2010 bestond uit: Oost-Europa (31,8%), Zuid-Europa (27,3%), West-Europa (27,2%) en Noord-Europa (13,7%). Het aandeel van de landbouw in de economie van subregio's: Oost-Europa (4,1%), Zuid-Europa (2,7%), West-Europa (1,2%) en Noord-Europa (1,2%). De landbouw per hoofd van de bevolking in subregio's: Zuid-Europa ($652,0), West-Europa ($513,5), Noord-Europa ($487,0) en Oost-Europa ($395,6). De groei van de landbouw in subregio's: Noord-Europa (2,0%), Oost-Europa (1,2%), Zuid-Europa (0,93%) en West-Europa (-0,65%).

Leiders. De toegevoegde waarde van de landbouw in Europa in de jaren 2010 bestond uit: Rusland (16,5%), Frankrijk (11,6%), Italië (11,0%), Spanje (9,6%), Duitsland (8,0%), en andere (43,3%). Het aandeel van de landbouw in economie van de leiders: Rusland (3,9%), Spanje (2,9%), Italië (2,2%), Frankrijk (1,8%) en Duitsland (0,89%). De landbouw per hoofd in Europa onder de leiders: Spanje ($751,0), Italië ($669,0), Frankrijk ($637,6), Rusland ($416,5) en Duitsland ($358,5). De groei van de landbouw onder de leiders: Spanje (2,0%), Rusland (1,2%), Frankrijk (0,17%), Italië (0,056%) en Duitsland (-3,4%).

Hoofdstuk V. Industrie

Mijnbouw, productie, nutsbedrijven (ISIC C-E)

De waarde van de industrie in Europa steeg van US$820,9 miljard per jaar in de jaren 1970 tot US$3,8 biljoen per jaar in de jaren 2010, dat wil zeggen met US$3,0 biljoen of 4,6 keer. De verandering vond plaats op US$2,3 biljoen als gevolg van een 2,6-voudige stijging van de prijzen, en ook op US$605,4 miljard als gevolg van een 1,7-voudige toename van de productiviteit , evenals op US$21,0 miljard als gevolg van de toename van de bevolking. De gemiddelde jaarlijkse groei van de industrie is 1,7%. De minimumwaarde van de industrie bedroeg US$445,4 miljard in 1970. De maximumwaarde van de industrie bedroeg US$4,2 biljoen in 2008.

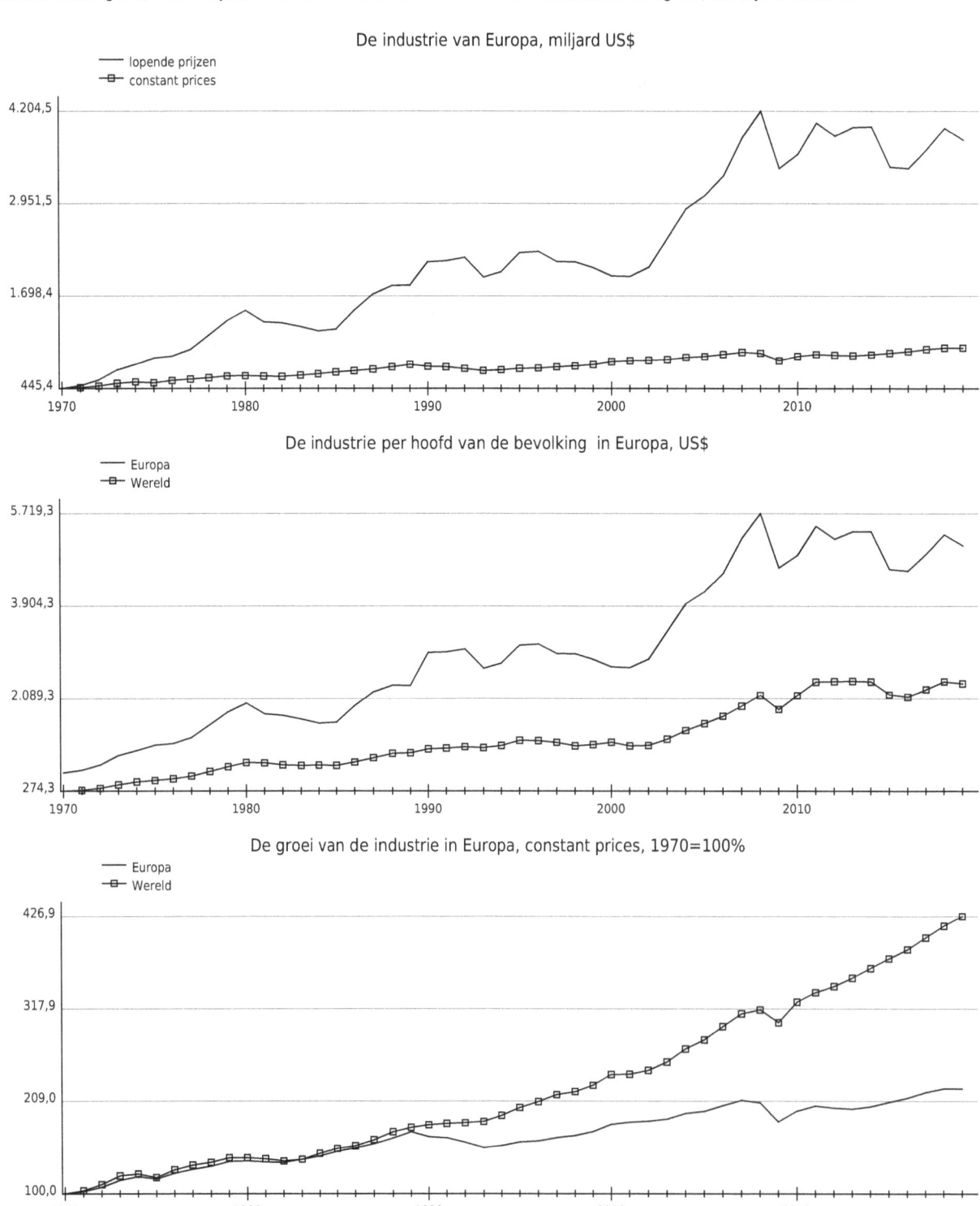

De industrie van Europa, miljard US$

De industrie per hoofd van de bevolking in Europa, US$

De groei van de industrie in Europa, constant prices, 1970=100%

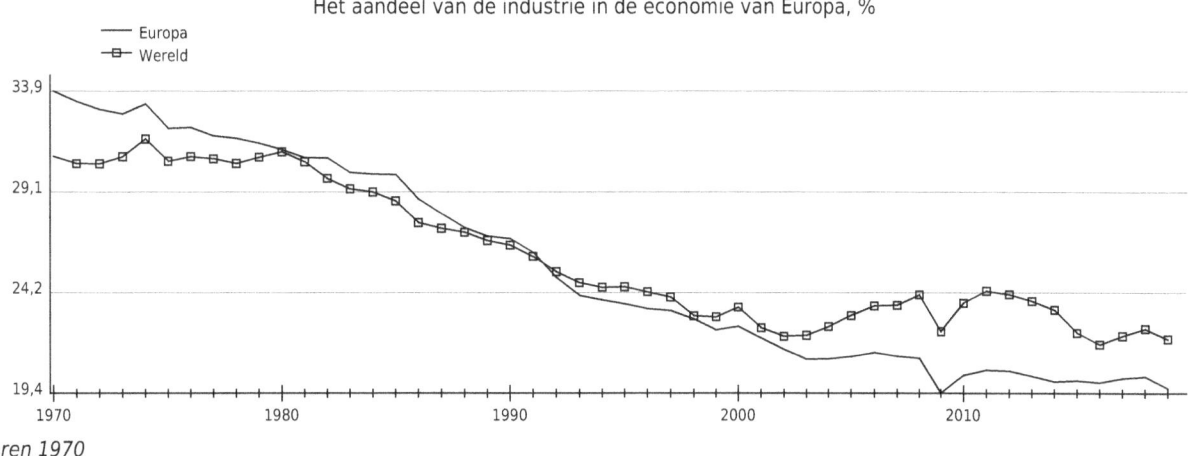

Het aandeel van de industrie in de economie van Europa, %

de jaren 1970

De sector van de industrie in Europa bedroeg in de jaren 1970 US$820,9 miljard per jaar. Het aandeel in de wereld was 42,3%.

Het aandeel van de industrie in de economie van Europa was 32,3% in de jaren 1970, en was vergelijkbaar met Suriname (32,0%).

De waarde van de industrie per hoofd in Europa was $1.131,6 in de jaren 1970s, en was vergelijkbaar met Oman (US$1.149,4). De waarde van de industrie per hoofd in Europa was in 2,4 keer hoger dan de industrie per hoofd van de bevolking in de wereld ($480,5).

De groei van de industrie in Europa bedroeg 3.6% in de jaren 1970. De groei van de industrie in Europa (3,6%) was minder dan de groei van de industrie in de wereld (4,0%).

Vergelijking met regio's. De sector van de industrie in Europa was groter dan in Amerika (US$610,8 miljard), in Azië (US$403,8 miljard), in Afrika (US$74,4 miljard) en in Oceanië (US$30,2 miljard). De sector van de industrie per hoofd in Europa was groter dan in Amerika (US$1.091,1), in Afrika (US$181,2) en in Azië (US$173,9); maar minder dan in Oceanië (US$1.413,2). De groei van de industrie in Europa was groter dan in Amerika (3,2%) en in Oceanië (3,0%); maar minder dan in Azië (5,7%) en in Afrika (5,5%).

Subregio's. De waarde van de industrie in Europa in de jaren 1970 bestond uit: West-Europa (36,4%), Oost-Europa (36,3%), Noord-Europa (13,8%) en Zuid-Europa (13,5%). Het aandeel van de industrie in de economie van subregio's: Oost-Europa (38,6%), West-Europa (30,3%), Zuid-Europa (28,9%) en Noord-Europa (28,0%). De industrie per hoofd van de bevolking in subregio's: West-Europa ($1.757,8), Noord-Europa ($1.395,7), Oost-Europa ($871,9) en Zuid-Europa ($836,0). De groei van de industrie in subregio's: Oost-Europa (5,8%), Zuid-Europa (5,3%), West-Europa (2,5%) en Noord-Europa (2,5%).

Leiders. De toegevoegde waarde van de industrie in Europa in de jaren 1970 bestond uit: Sovjet-Unie (30,3%), Duitsland (19,3%), Verenigd Koninkrijk (8,8%), Frankrijk (8,7%), Italië (7,3%), en andere (25,5%). Het aandeel van de industrie in economie van de leiders: Sovjet-Unie (38,3%), Duitsland (35,6%), Verenigd Koninkrijk (29,5%), Italië (29,5%) en Frankrijk (24,1%). De sector van de industrie per hoofd in Europa onder de leiders: Duitsland ($2.011,9), Frankrijk ($1.335,3), Verenigd Koninkrijk ($1.295,1), Italië ($1.092,7) en Sovjet-Unie ($986,6). De groei van de industrie onder de leiders: Sovjet-Unie (5,2%), Italië (5,1%), Frankrijk (3,9%), Duitsland (2,1%) en Verenigd Koninkrijk (1,9%).

de jaren 1980

De toegevoegde waarde van de industrie in Europa bedroeg in de jaren 1980 US$1,5 biljoen per jaar. Het aandeel in de wereld was 35,6%.

Het aandeel van de industrie in de economie van Europa was 29,1% in de jaren 1980, en was vergelijkbaar met Turkije (29,3%), Nauru (28,9%).

De industrie per hoofd in Europa was $1.933,8 in de jaren 1980s, en was vergelijkbaar met Israël (US$1.918,8), Singapore (US$1.904,4). De waarde van de industrie per hoofd in Europa was in 2,2 keer hoger dan de industrie per hoofd van de bevolking in de wereld ($861,8).

De groei van de industrie in Europa bedroeg 2.3% in de jaren 1980, en was vergelijkbaar met Italië (2,3%). De groei van de industrie in Europa (2,3%) was groter dan de groei van de industrie in de wereld (2,3%).

Vergelijking met regio's. De toegevoegde waarde van de industrie in Europa was groter dan in Amerika (US$1,4 biljoen), in Azië

(US$1,1 biljoen), in Afrika (US$156,3 miljard) en in Oceanië (US$63,7 miljard). De sector van de industrie per hoofd in Europa was groter dan in Azië (US$380,7) en in Afrika (US$288,5); maar minder dan in Oceanië (US$2,6 duizend) en in Amerika (US$2,1 duizend). De groei van de industrie in Europa was groter dan in Amerika (1,9%) en in Afrika (-0,99%); maar minder dan in Azië (3,5%) en in Oceanië (2,9%).

Subregio's. De sector van de industrie in Europa in de jaren 1980 bestond uit: West-Europa (38,6%), Oost-Europa (26,2%), Noord-Europa (17,9%) en Zuid-Europa (17,4%). Het aandeel van de industrie in de economie van subregio's: Oost-Europa (35,4%), West-Europa (27,6%), Zuid-Europa (27,1%) en Noord-Europa (27,1%). De industrie per hoofd van de bevolking in subregio's: West-Europa ($3.305,5), Noord-Europa ($3.205,0), Zuid-Europa ($1.824,3) en Oost-Europa ($1.048,8). De groei van de industrie in subregio's: Oost-Europa (4,0%), Zuid-Europa (2,4%), Noord-Europa (2,1%) en West-Europa (1,3%).

Leiders. De sector van de industrie in Europa in de jaren 1980 bestond uit: Sovjet-Unie (20,6%), Duitsland (20,0%), Verenigd Koninkrijk (11,5%), Italië (10,0%), Frankrijk (9,8%), en andere (28,1%). Het aandeel van de industrie in economie van de leiders: Sovjet-Unie (34,5%), Duitsland (32,8%), Verenigd Koninkrijk (27,6%), Italië (26,7%) en Frankrijk (22,3%). De toegevoegde waarde van de industrie per hoofd in Europa onder de leiders: Duitsland ($3.812,7), Verenigd Koninkrijk ($3.032,7), Italië ($2.607,9), Frankrijk ($2.568,3) en Sovjet-Unie ($1.110,8). De groei van de industrie onder de leiders: Sovjet-Unie (5,3%), Italië (2,3%), Verenigd Koninkrijk (1,4%), Frankrijk (1,3%) en Duitsland (1,2%).

de jaren 1990

De sector van de industrie in Europa bedroeg in de jaren 1990 US$2,2 biljoen per jaar. Het aandeel in de wereld was 32,1%.

Het aandeel van de industrie in de economie van Europa was 24,1% in de jaren 1990, en was vergelijkbaar met Togo (24,1%), Bosnië en Herzegovina (24,1%), Zuid-Amerika (24,2%).

De sector van de industrie per hoofd in Europa was $2.961,4 in de jaren 1990s, en was vergelijkbaar met Oman (US$2,9 duizend), Spanje (US$3,0 duizend). De toegevoegde waarde van de industrie per hoofd in Europa was in 2,5 keer hoger dan de industrie per hoofd van de bevolking in de wereld ($1.175,6).

De groei van de industrie in Europa bedroeg 0% in de jaren 1990. De groei van de industrie in Europa (0,0047%) was minder dan de groei van de industrie in de wereld (2,5%).

Vergelijking met regio's. De toegevoegde waarde van de industrie in Europa was groter dan in Amerika (US$2,1 biljoen), in Afrika (US$157,8 miljard) en in Oceanië (US$88,9 miljard); maar minder dan in Azië (US$2,2 biljoen). De industrie per hoofd in Europa was groter dan in Amerika (US$2,7 duizend), in Azië (US$639,7) en in Afrika (US$222,8); maar minder dan in Oceanië (US$3,1 duizend). De groei van de industrie in Europa was minder dan in Azië (5,5%), in Amerika (2,8%), in Oceanië (2,3%) en in Afrika (1,3%).

Subregio's. De toegevoegde waarde van de industrie in Europa in de jaren 1990 bestond uit: West-Europa (47,8%), Noord-Europa (20,5%), Zuid-Europa (20,3%) en Oost-Europa (11,3%). Het aandeel van de industrie in de economie van subregio's: Oost-Europa (33,4%), West-Europa (23,8%), Noord-Europa (22,9%) en Zuid-Europa (22,7%). De industrie per hoofd van de bevolking in subregio's: West-Europa ($5.690,7), Noord-Europa ($4.761,2), Zuid-Europa ($3.037,7) en Oost-Europa ($786,1). De groei van de industrie in subregio's: Noord-Europa (2,6%), West-Europa (1,2%), Zuid-Europa (0,84%) en Oost-Europa (-6,4%).

Leiders. De toegevoegde waarde van de industrie in Europa in de jaren 1990 bestond uit: Duitsland (24,8%), Verenigd Koninkrijk (12,5%), Italië (12,1%), Frankrijk (11,8%), Rusland (6,4%), en andere (32,4%). Het aandeel van de industrie in economie van de leiders: Rusland (35,3%), Duitsland (27,0%), Italië (23,6%), Verenigd Koninkrijk (21,7%) en Frankrijk (19,8%). De toegevoegde waarde van de industrie per hoofd in Europa onder de leiders: Duitsland ($6.621,6), Verenigd Koninkrijk ($4.639,8), Italië ($4.551,2), Frankrijk ($4.275,7) en Rusland ($937,0). De groei van de industrie onder de leiders: Frankrijk (2,4%), Verenigd Koninkrijk (1,2%), Italië (1,0%), Duitsland (0,33%) en Rusland (-6,8%).

de jaren 2000

De sector van de industrie in Europa bedroeg in de jaren 2000 US$2,9 biljoen per jaar. Het aandeel in de wereld was 28,6%.

Het aandeel van de industrie in de economie van Europa was 21,1% in de jaren 2000, en was vergelijkbaar met West-Europa (21,0%), Melanesië (21,0%), Mauritius (21,3%).

De waarde van de industrie per hoofd in Europa was $4.000,9 in de jaren 2000s, en was vergelijkbaar met Zuid-Europa (US$3,9 duizend), Israël (US$4,1 duizend). De sector van de industrie per hoofd in Europa was in 2,5 keer hoger dan de industrie per hoofd van de bevolking in de wereld ($1.573,8).

De groei van de industrie in Europa bedroeg 0.6% in de jaren 2000, en was vergelijkbaar met de Nederland (0,64%). De groei van de industrie in Europa (0,63%) was minder dan de groei van de industrie in de wereld (2,9%).

Vergelijking met regio's. De toegevoegde waarde van de industrie in Europa was groter dan in Afrika (US$319,5 miljard) en in Oceanië (US$152,2 miljard); maar minder dan in Azië (US$3,8 biljoen) en in Amerika (US$3,1 biljoen). De sector van de industrie per hoofd in Europa was groter dan in Amerika (US$3,5 duizend), in Azië (US$951,8) en in Afrika (US$352,5); maar minder dan in Oceanië (US$4,6 duizend). De groei van de industrie in Europa was minder dan in Azië (5,7%), in Afrika (3,1%), in Oceanië (1,8%) en in Amerika (1,4%).

Subregio's. De sector van de industrie in Europa in de jaren 2000 bestond uit: West-Europa (43,2%), Noord-Europa (22,7%), Zuid-Europa (20,1%) en Oost-Europa (14,1%). Het aandeel van de industrie in de economie van subregio's: Oost-Europa (28,5%), West-Europa (21,0%), Noord-Europa (20,1%) en Zuid-Europa (19,1%). De industrie per hoofd van de bevolking in subregio's: Noord-Europa ($6.896,2), West-Europa ($6.746,3), Zuid-Europa ($3.943,3) en Oost-Europa ($1.376,6). De groei van de industrie in subregio's: Oost-Europa (4,0%), West-Europa (0,46%), Noord-Europa (-0,32%) en Zuid-Europa (-0,34%).

Leiders. De sector van de industrie in Europa in de jaren 2000 bestond uit: Duitsland (21,5%), Verenigd Koninkrijk (11,8%), Italië (11,0%), Frankrijk (10,4%), Rusland (7,1%), en andere (38,2%). Het aandeel van de industrie in economie van de leiders: Rusland (30,2%), Duitsland (25,2%), Italië (20,3%), Verenigd Koninkrijk (16,5%) en Frankrijk (16,2%). De waarde van de industrie per hoofd in Europa onder de leiders: Duitsland ($7.732,1), Verenigd Koninkrijk ($5.710,8), Italië ($5.531,8), Frankrijk ($4.853,6) en Rusland ($1.435,1). De groei van de industrie onder de leiders: Rusland (3,5%), Frankrijk (0,47%), Duitsland (0,19%), Verenigd Koninkrijk (-1,1%) en Italië (-1,4%).

de jaren 2010

De toegevoegde waarde van de industrie in Europa bedroeg in de jaren 2010 US$3,8 biljoen per jaar. Het aandeel in de wereld was 22,2%.

Het aandeel van de industrie in de economie van Europa was 20,1% in de jaren 2010, en was vergelijkbaar met Kirgizië (20,3%), Kroatië (20,3%).

De industrie per hoofd in Europa was $5.088,1 in de jaren 2010s, en was vergelijkbaar met Frankrijk (US$5,0 duizend). De waarde van de industrie per hoofd in Europa was in 2,2 keer hoger dan de industrie per hoofd van de bevolking in de wereld ($2.320,9).

De groei van de industrie in Europa bedroeg 2% in de jaren 2010, en was vergelijkbaar met Nieuw-Caledonië (1,9%), Gambia (1,9%). De groei van de industrie in Europa (2,0%) was minder dan de groei van de industrie in de wereld (3,5%).

Vergelijking met regio's. De waarde van de industrie in Europa was 6,6 keer groter dan in Afrika (US$571,4 miljard) en 13,5 keer groter dan in Oceanië (US$279,8 miljard); maar 2,2 keer minder dan in Azië (US$8,1 biljoen) en 10,8% minder dan in Amerika (US$4,2 biljoen). De waarde van de industrie per hoofd in Europa was 16,8% groter dan in Amerika (US$4,4 duizend), 2,8 keer groter dan in Azië (US$1.847,0) en 10,4 keer groter dan in Afrika (US$489,1); maar 28,6% minder dan in Oceanië (US$7,1 duizend). De groei van de industrie in Europa was groter dan in Amerika (1,8%) en in Afrika (0,035%); maar minder dan in Azië (5,6%) en in Oceanië (2,6%).

Subregio's. De industrie van Europa in de jaren 2010 bestond uit: West-Europa (42,4%), Noord-Europa (20,6%), Oost-Europa (19,7%) en Zuid-Europa (17,3%). Het aandeel van de industrie in de economie van subregio's: Oost-Europa (26,3%), West-Europa (19,9%), Noord-Europa (18,4%) en Zuid-Europa (17,9%). De industrie per hoofd van de bevolking in subregio's: West-Europa ($8.276,5), Noord-Europa ($7.584,5), Zuid-Europa ($4.280,5) en Oost-Europa ($2.534,9). De groei van de industrie in subregio's: Oost-Europa (2,5%), West-Europa (2,4%), Noord-Europa (1,7%) en Zuid-Europa (0,77%).

Leiders. De waarde van de industrie in Europa in de jaren 2010 bestond uit: Duitsland (22,2%), Rusland (10,8%), Verenigd Koninkrijk (9,4%), Italië (9,3%), Frankrijk (8,8%), en andere (39,4%). Het aandeel van de industrie in economie van de leiders: Rusland (26,3%), Duitsland (25,4%), Italië (19,0%), Verenigd Koninkrijk (14,5%) en Frankrijk (13,9%). De waarde van de industrie per hoofd in Europa onder de leiders: Duitsland ($10.261,3), Italië ($5.828,6), Verenigd Koninkrijk ($5.443,9), Frankrijk ($5.048,2) en Rusland ($2.835,1). De groei van de industrie onder de leiders: Duitsland (3,2%), Rusland (1,7%), Italië (1,00%), Frankrijk (0,89%) en Verenigd Koninkrijk (0,44%).

Hoofdstuk 5.1. Fabricage

(ISIC D)

De sector van de fabricage in Europa steeg van US$739,4 miljard per jaar in de jaren 1970 tot US$2,9 biljoen per jaar in de jaren 2010, dat wil zeggen met US$2,2 biljoen of 3,9 keer. De verandering vond plaats op US$1,5 biljoen als gevolg van een 2,1-voudige stijging van de prijzen, en ook op US$607,4 miljard als gevolg van een 1,8-voudige toename van de productiviteit , evenals op US$19,0 miljard als gevolg van de toename van de bevolking. De gemiddelde jaarlijkse groei van de fabricage is 1,8%. De minimumwaarde van de fabricage bedroeg US$408,3 miljard in 1970. De maximumwaarde van de fabricage bedroeg US$3,2 biljoen in 2008.

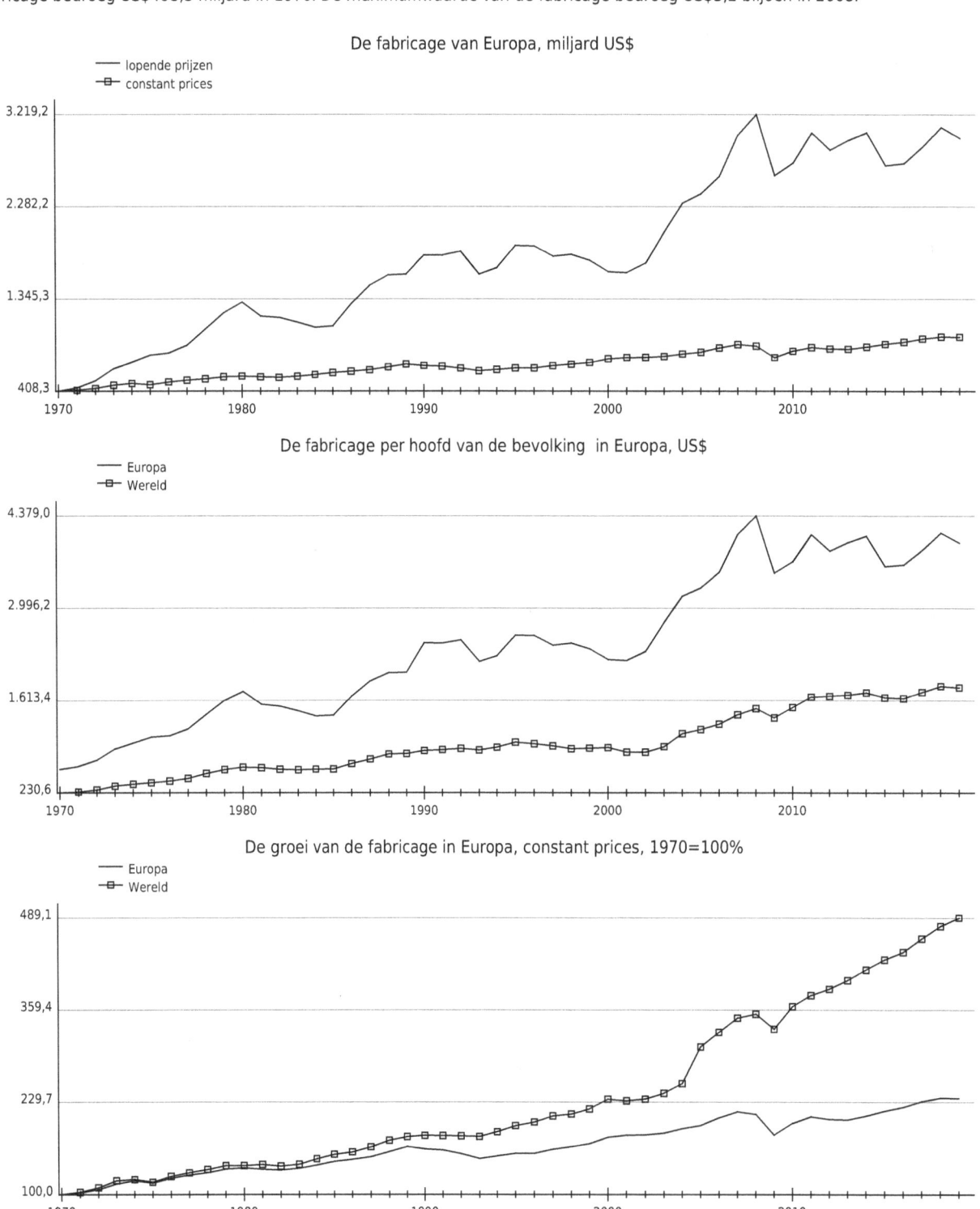

De fabricage van Europa, miljard US$

De fabricage per hoofd van de bevolking in Europa, US$

De groei van de fabricage in Europa, constant prices, 1970=100%

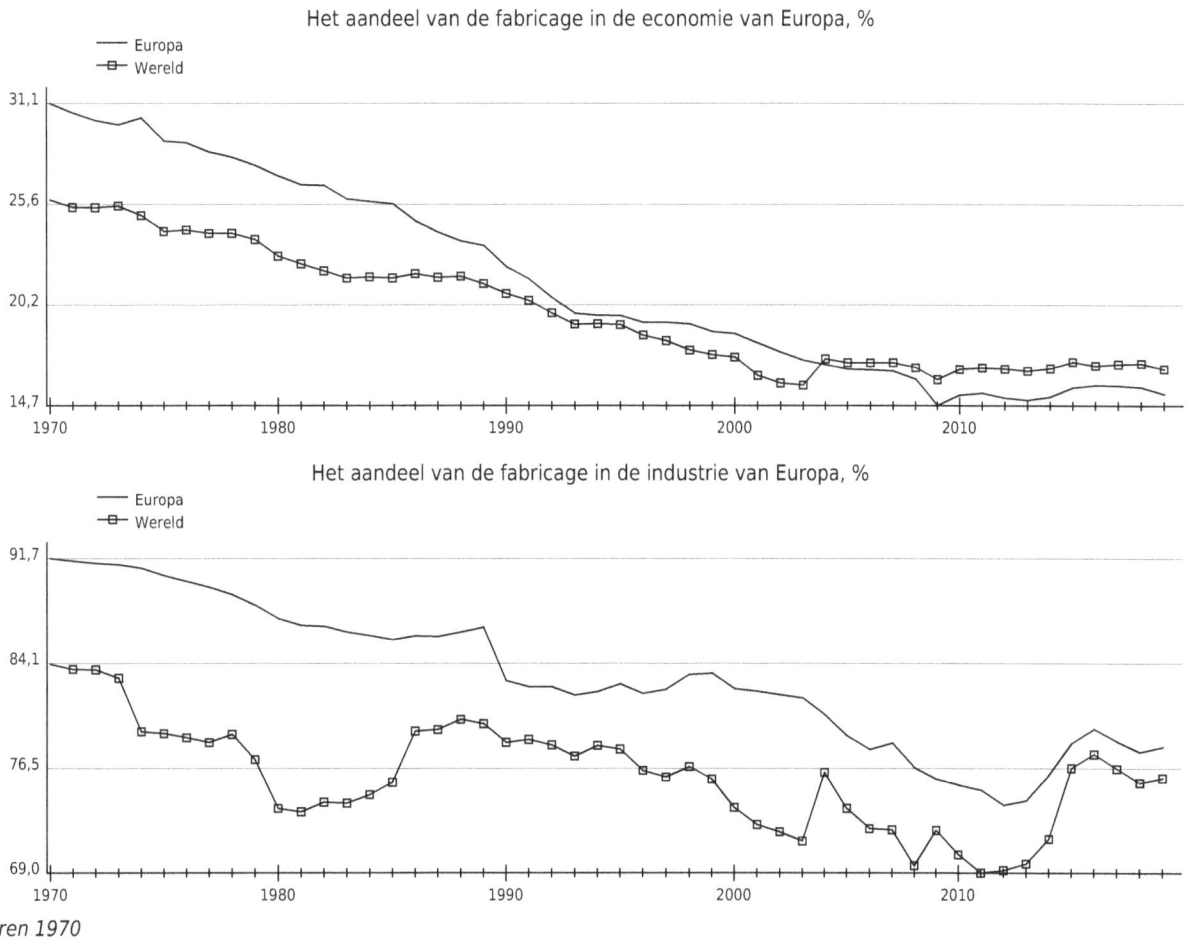

Het aandeel van de fabricage in de economie van Europa, %

Het aandeel van de fabricage in de industrie van Europa, %

de jaren 1970

De toegevoegde waarde van de fabricage in Europa bedroeg in de jaren 1970 US$739,4 miljard per jaar. Het aandeel in de wereld was 47,8%.

Het aandeel van de fabricage in de economie van Europa was 29,1% in de jaren 1970, en was vergelijkbaar met Luxemburg (29,0%), Mozambique (29,1%).

De toegevoegde waarde van de fabricage per hoofd in Europa was $1.019,3 in de jaren 1970s, en was vergelijkbaar met Oceanië (US$1.020,6), het Verenigd Koninkrijk (US$1.012,6), Italië (US$1.005,2). De waarde van de fabricage per hoofd in Europa was in 2,7 keer hoger dan de fabricage per hoofd van de bevolking in de wereld ($383,2).

De groei van de fabricage in Europa bedroeg 3.5% in de jaren 1970, en was vergelijkbaar met Namibië (3,4%), Zimbabwe (3,5%), Bermuda (3,5%). De groei van de fabricage in Europa (3,5%) was minder dan de groei van de fabricage in de wereld (3,8%).

Vergelijking met regio's. De sector van de fabricage in Europa was groter dan in Amerika (US$502,0 miljard), in Azië (US$243,5 miljard), in Afrika (US$40,8 miljard) en in Oceanië (US$21,8 miljard). De toegevoegde waarde van de fabricage per hoofd in Europa was groter dan in Amerika (US$896,7), in Azië (US$104,9) en in Afrika (US$99,3); maar minder dan in Oceanië (US$1.020,6). De groei van de fabricage in Europa was groter dan in Oceanië (2,1%); maar minder dan in Azië (5,6%), in Afrika (4,9%) en in Amerika (3,6%).

Subregio's. De fabricage van Europa in de jaren 1970 bestond uit: Oost-Europa (39,1%), West-Europa (35,3%), Zuid-Europa (13,2%) en Noord-Europa (12,4%). Het aandeel van de fabricage in de economie van subregio's: Oost-Europa (37,4%), West-Europa (26,5%), Zuid-Europa (25,5%) en Noord-Europa (22,6%). De fabricage per hoofd van de bevolking in subregio's: West-Europa ($1.537,5), Noord-Europa ($1.126,2), Oost-Europa ($845,6) en Zuid-Europa ($736,8). De groei van de fabricage in subregio's: Zuid-Europa (6,0%), Oost-Europa (5,9%), West-Europa (2,4%) en Noord-Europa (2,0%).

Leiders. De toegevoegde waarde van de fabricage in Europa in de jaren 1970 bestond uit: Sovjet-Unie (33,7%), Duitsland (18,7%), Frankrijk (8,7%), Verenigd Koninkrijk (7,7%), Italië (7,5%), en andere (23,8%). Het aandeel van de fabricage in economie van de leiders: Sovjet-Unie (38,3%), Duitsland (31,0%), Italië (27,1%), Verenigd Koninkrijk (23,1%) en Frankrijk (21,7%). De sector van de fabricage per hoofd in Europa onder de leiders: Duitsland ($1.752,1), Frankrijk ($1.203,0), Verenigd Koninkrijk ($1.012,6), Italië ($1.005,2) en Sovjet-Unie ($986,6). De groei van de fabricage onder de leiders: Italië (6,4%), Sovjet-Unie (5,2%), Frankrijk (3,5%), Duitsland (2,1%) en Verenigd Koninkrijk (1,8%).

de jaren 1980

De toegevoegde waarde van de fabricage in Europa bedroeg in de jaren 1980 US$1,3 biljoen per jaar. Het aandeel in de wereld was 40,2%.

Het aandeel van de fabricage in de economie van Europa was 25,2% in de jaren 1980.

De fabricage per hoofd in Europa was $1.672,2 in de jaren 1980s, en was vergelijkbaar met Nieuw-Caledonië (US$1.662,4), Oceanië (US$1.656,8), Israël (US$1.637,9). De fabricage per hoofd in Europa was in 2,5 keer hoger dan de fabricage per hoofd van de bevolking in de wereld ($661,2).

De groei van de fabricage in Europa bedroeg 2.1% in de jaren 1980. De groei van de fabricage in Europa (2,1%) was minder dan de groei van de fabricage in de wereld (2,6%).

Vergelijking met regio's. De waarde van de fabricage in Europa was groter dan in Amerika (US$1,1 biljoen), in Azië (US$727,9 miljard), in Afrika (US$85,4 miljard) en in Oceanië (US$41,1 miljard). De toegevoegde waarde van de fabricage per hoofd in Europa was groter dan in Oceanië (US$1.656,8), in Amerika (US$1.597,5), in Azië (US$256,6) en in Afrika (US$157,6). De groei van de fabricage in Europa was groter dan in Afrika (2,0%), in Amerika (1,8%) en in Oceanië (1,5%); maar minder dan in Azië (5,4%).

Subregio's. De waarde van de fabricage in Europa in de jaren 1980 bestond uit: West-Europa (38,1%), Oost-Europa (29,1%), Zuid-Europa (17,6%) en Noord-Europa (15,2%). Het aandeel van de fabricage in de economie van subregio's: Oost-Europa (34,1%), Zuid-Europa (23,7%), West-Europa (23,6%) en Noord-Europa (19,9%). De fabricage per hoofd van de bevolking in subregio's: West-Europa ($2.820,8), Noord-Europa ($2.356,7), Zuid-Europa ($1.597,2) en Oost-Europa ($1.009,6). De groei van de fabricage in subregio's: Oost-Europa (4,0%), Zuid-Europa (2,5%), Noord-Europa (1,7%) en West-Europa (1,4%).

Leiders. De fabricage van Europa in de jaren 1980 bestond uit: Sovjet-Unie (23,8%), Duitsland (20,2%), Italië (10,4%), Frankrijk (9,7%), Verenigd Koninkrijk (9,6%), en andere (26,3%). Het aandeel van de fabricage in economie van de leiders: Sovjet-Unie (34,5%), Duitsland (28,5%), Italië (24,2%), Verenigd Koninkrijk (19,7%) en Frankrijk (19,1%). De waarde van de fabricage per hoofd in Europa onder de leiders: Duitsland ($3.316,0), Italië ($2.359,9), Frankrijk ($2.204,2), Verenigd Koninkrijk ($2.173,1) en Sovjet-Unie ($1.110,8). De groei van de fabricage onder de leiders: Sovjet-Unie (5,3%), Italië (2,5%), Verenigd Koninkrijk (1,5%), Duitsland (1,2%) en Frankrijk (1,0%).

de jaren 1990

De waarde van de fabricage in Europa bedroeg in de jaren 1990 US$1,8 biljoen per jaar. Het aandeel in de wereld was 34,3%.

Het aandeel van de fabricage in de economie van Europa was 19,9% in de jaren 1990, en was vergelijkbaar met Ivoorkust (19,9%), Chili (19,9%), Zuidelijk Afrika (20,0%).

De waarde van de fabricage per hoofd in Europa was $2.443,3 in de jaren 1990s, en was vergelijkbaar met de Verenigde Arabische Emiraten (US$2,4 duizend), Zuid-Korea (US$2,5 duizend), Spanje (US$2,5 duizend). De toegevoegde waarde van de fabricage per hoofd in Europa was in 2,7 keer hoger dan de fabricage per hoofd van de bevolking in de wereld ($908,4).

De groei van de fabricage in Europa bedroeg 0.2% in de jaren 1990, en was vergelijkbaar met Antigua en Barbuda (0,24%). De groei van de fabricage in Europa (0,24%) was minder dan de groei van de fabricage in de wereld (2,0%).

Vergelijking met regio's. De waarde van de fabricage in Europa was groter dan in Amerika (US$1,7 biljoen), in Azië (US$1,6 biljoen), in Afrika (US$88,4 miljard) en in Oceanië (US$57,4 miljard). De toegevoegde waarde van de fabricage per hoofd in Europa was groter dan in Amerika (US$2,2 duizend), in Oceanië (US$1.986,6), in Azië (US$456,2) en in Afrika (US$124,8). De groei van de fabricage in Europa was minder dan in Azië (3,5%), in Amerika (3,0%), in Oceanië (1,3%) en in Afrika (0,55%).

Subregio's. De fabricage van Europa in de jaren 1990 bestond uit: West-Europa (49,8%), Zuid-Europa (21,1%), Noord-Europa (19,1%) en Oost-Europa (10,0%). Het aandeel van de fabricage in de economie van subregio's: Oost-Europa (24,5%), West-Europa (20,4%), Zuid-Europa (19,4%) en Noord-Europa (17,6%). De fabricage per hoofd van de bevolking in subregio's: West-Europa ($4.890,4), Noord-Europa ($3.652,4), Zuid-Europa ($2.596,4) en Oost-Europa ($575,1). De groei van de fabricage in subregio's: Noord-Europa

(2,0%), West-Europa (1,2%), Zuid-Europa (0,90%) en Oost-Europa (-6,1%).

Leiders. De waarde van de fabricage in Europa in de jaren 1990 bestond uit: Duitsland (26,4%), Italië (12,8%), Frankrijk (12,1%), Verenigd Koninkrijk (11,7%), Spanje (5,6%), en andere (31,4%). Het aandeel van de fabricage in economie van de leiders: Duitsland (23,7%), Italië (20,7%), Spanje (18,2%), Frankrijk (16,8%) en Verenigd Koninkrijk (16,8%). De fabricage per hoofd in Europa onder de leiders: Duitsland ($5.813,5), Italië ($3.994,1), Frankrijk ($3.621,1), Verenigd Koninkrijk ($3.590,2) en Spanje ($2.497,5). De groei van de fabricage onder de leiders: Spanje (2,5%), Frankrijk (2,4%), Italië (1,2%), Verenigd Koninkrijk (0,56%) en Duitsland (0,26%).

de jaren 2000

De fabricage van Europa bedroeg in de jaren 2000 US$2,3 biljoen per jaar, en was vergelijkbaar met Amerika (US$2,3 biljoen). Het aandeel in de wereld was 31,2%.

Het aandeel van de fabricage in de economie van Europa was 16,7% in de jaren 2000, en was vergelijkbaar met de Wereld (16,7%), Zuid-Amerika (16,8%), Zuid-Azië (16,6%).

De fabricage per hoofd in Europa was $3.162,1 in de jaren 2000s, en was vergelijkbaar met Nieuw-Zeeland (US$3,2 duizend). De sector van de fabricage per hoofd in Europa was in 2,8 keer hoger dan de fabricage per hoofd van de bevolking in de wereld ($1.138,1).

De groei van de fabricage in Europa bedroeg 0.7% in de jaren 2000. De groei van de fabricage in Europa (0,69%) was minder dan de groei van de fabricage in de wereld (4,2%).

Vergelijking met regio's. De fabricage van Europa was groter dan in Amerika (US$2,3 biljoen), in Afrika (US$131,3 miljard) en in Oceanië (US$82,6 miljard); maar minder dan in Azië (US$2,6 biljoen). De sector van de fabricage per hoofd in Europa was groter dan in Amerika (US$2,6 duizend), in Oceanië (US$2,5 duizend), in Azië (US$659,1) en in Afrika (US$144,8). De groei van de fabricage in Europa was minder dan in Azië (10,5%), in Afrika (3,5%), in Amerika (1,4%) en in Oceanië (0,79%).

Subregio's. De waarde van de fabricage in Europa in de jaren 2000 bestond uit: West-Europa (46,7%), Zuid-Europa (21,3%), Noord-Europa (19,9%) en Oost-Europa (12,0%). Het aandeel van de fabricage in de economie van subregio's: Oost-Europa (19,3%), West-Europa (17,9%), Zuid-Europa (16,0%) en Noord-Europa (13,9%). De fabricage per hoofd van de bevolking in subregio's: West-Europa ($5.764,9), Noord-Europa ($4.787,3), Zuid-Europa ($3.313,4) en Oost-Europa ($932,0). De groei van de fabricage in subregio's: Oost-Europa (4,9%), West-Europa (0,55%), Noord-Europa (-0,018%) en Zuid-Europa (-0,62%).

Leiders. De waarde van de fabricage in Europa in de jaren 2000 bestond uit: Duitsland (23,9%), Italië (12,0%), Frankrijk (11,1%), Verenigd Koninkrijk (10,8%), Spanje (6,4%), en andere (35,8%). Het aandeel van de fabricage in economie van de leiders: Duitsland (22,1%), Italië (17,5%), Spanje (14,9%), Frankrijk (13,6%) en Verenigd Koninkrijk (11,9%). De toegevoegde waarde van de fabricage per hoofd in Europa onder de leiders: Duitsland ($6.773,6), Italië ($4.780,8), Verenigd Koninkrijk ($4.135,9), Frankrijk ($4.078,9) en Spanje ($3.394,0). De groei van de fabricage onder de leiders: Frankrijk (0,75%), Duitsland (0,097%), Spanje (0,021%), Verenigd Koninkrijk (-0,94%) en Italië (-1,3%).

de jaren 2010

De fabricage van Europa bedroeg in de jaren 2010 US$2,9 biljoen per jaar. Het aandeel in de wereld was 23,3%.

Het aandeel van de fabricage in de economie van Europa was 15,4% in de jaren 2010, en was vergelijkbaar met Lesotho (15,5%), Zweden (15,3%), de Dominicaanse Republiek (15,6%).

De toegevoegde waarde van de fabricage per hoofd in Europa was $3.895,6 in de jaren 2010s, en was vergelijkbaar met het Verenigd Koninkrijk (US$3,9 duizend), Australazië (US$3,9 duizend), Bahrein (US$3,9 duizend). De sector van de fabricage per hoofd in Europa was in 2,3 keer hoger dan de fabricage per hoofd van de bevolking in de wereld ($1.697,4).

De groei van de fabricage in Europa bedroeg 2.5% in de jaren 2010. De groei van de fabricage in Europa (2,5%) was minder dan de groei van de fabricage in de wereld (3,9%).

Vergelijking met regio's. De fabricage van Europa was 12,0 keer groter dan in Afrika (US$241,0 miljard) en 25,9 keer groter dan in Oceanië (US$111,8 miljard); maar 2,1 keer minder dan in Azië (US$6,2 biljoen) en 4,1% minder dan in Amerika (US$3,0 biljoen). De waarde van de fabricage per hoofd in Europa was 25,6% groter dan in Amerika (US$3,1 duizend), 36,8% groter dan in Oceanië (US$2,8 duizend), 2,8 keer groter dan in Azië (US$1.401,2) en 18,9 keer groter dan in Afrika (US$206,2). De groei van de fabricage in Europa was groter dan in Amerika (1,6%) en in Oceanië (-0,27%); maar minder dan in Azië (6,0%) en in Afrika (3,6%).

Subregio's. De waarde van de fabricage in Europa in de jaren 2010 bestond uit: West-Europa (47,2%), Noord-Europa (18,5%), Zuid-Europa (18,1%) en Oost-Europa (16,2%). Het aandeel van de fabricage in de economie van subregio's: West-Europa (17,0%), Oost-Europa (16,6%), Zuid-Europa (14,3%) en Noord-Europa (12,6%). De fabricage per hoofd van de bevolking in subregio's: West-Europa ($7.057,0), Noord-Europa ($5.202,7), Zuid-Europa ($3.426,1) en Oost-Europa ($1.600,2). De groei van de fabricage in subregio's: Oost-Europa (3,2%), West-Europa (2,8%), Noord-Europa (2,7%) en Zuid-Europa (1,1%).

Leiders. De fabricage van Europa in de jaren 2010 bestond uit: Duitsland (25,4%), Italië (10,2%), Frankrijk (9,5%), Verenigd Koninkrijk (8,8%), Rusland (7,3%), en andere (38,8%). Het aandeel van de fabricage in economie van de leiders: Duitsland (22,3%), Italië (16,0%), Rusland (13,6%), Frankrijk (11,4%) en Verenigd Koninkrijk (10,3%). De fabricage per hoofd in Europa onder de leiders: Duitsland ($8.981,7), Italië ($4.919,3), Frankrijk ($4.141,3), Verenigd Koninkrijk ($3.897,5) en Rusland ($1.465,5). De groei van de fabricage onder de leiders: Duitsland (3,5%), Rusland (2,1%), Italië (1,5%), Frankrijk (1,2%) en Verenigd Koninkrijk (0,89%).

Hoofdstuk VI. Constructie

(ISIC F)

De waarde van de constructie in Europa steeg van US$201,6 miljard per jaar in de jaren 1970 tot US$1,1 biljoen per jaar in de jaren 2010, dat wil zeggen met US$851,7 miljard of 5,2 keer. De verandering vond plaats op US$822,1 miljard als gevolg van een 4,6-voudige stijging van de prijzen, en ook op US$24,4 miljard als gevolg van een 1,1-voudige toename van de productiviteit , evenals op US$5,2 miljard als gevolg van de toename van de bevolking. De gemiddelde jaarlijkse groei van de constructie is 0,59%. De minimumwaarde van de constructie bedroeg US$107,3 miljard in 1970. De maximumwaarde van de constructie bedroeg US$1,3 biljoen in 2008.

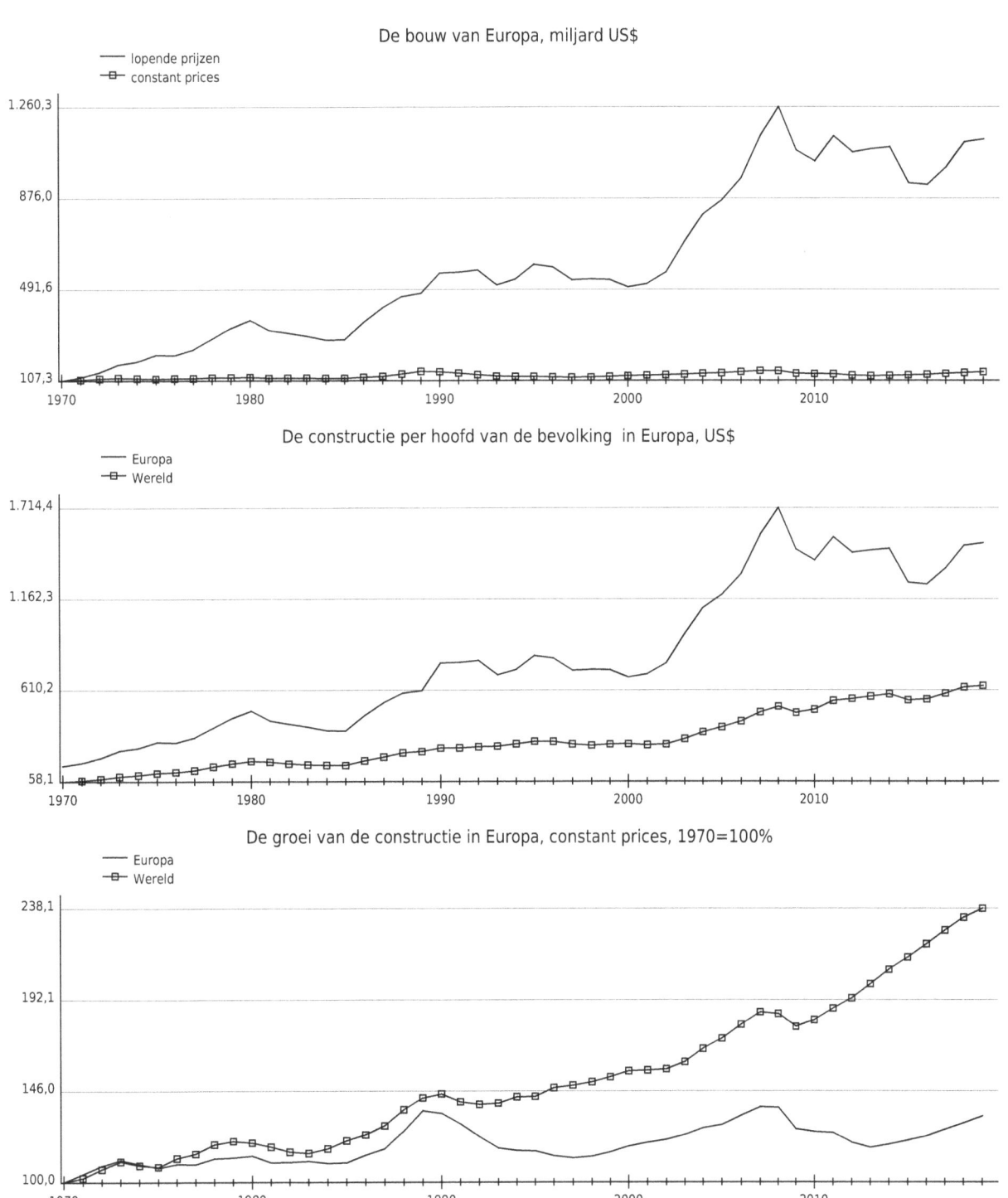

De bouw van Europa, miljard US$

De constructie per hoofd van de bevolking in Europa, US$

De groei van de constructie in Europa, constant prices, 1970=100%

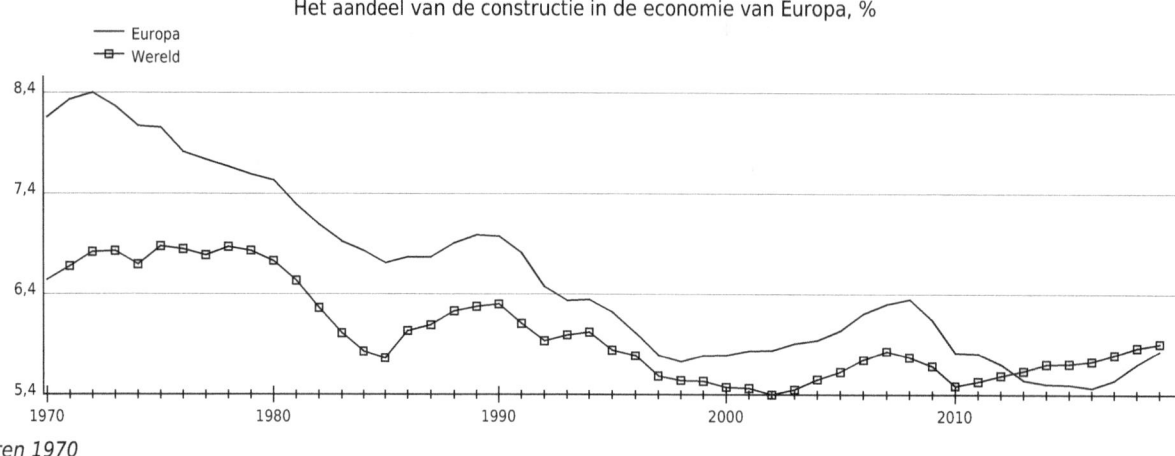

Het aandeel van de constructie in de economie van Europa, %

de jaren 1970

De constructie van Europa bedroeg in de jaren 1970 US$201,6 miljard per jaar. Het aandeel in de wereld was 47,0%.

Het aandeel van de constructie in de economie van Europa was 7,9% in de jaren 1970, en was vergelijkbaar met Frans-Polynesië (7,9%), Japan (8,0%), Canada (7,9%).

De toegevoegde waarde van de constructie per hoofd in Europa was $277,9 in de jaren 1970s, en was vergelijkbaar met Ierland (US$278,1). De constructie per hoofd in Europa was in 2,6 keer hoger dan de constructie per hoofd van de bevolking in de wereld ($106,1).

De groei van de constructie in Europa bedroeg 1.3% in de jaren 1970. De groei van de constructie in Europa (1,3%) was minder dan de groei van de constructie in de wereld (2,1%).

Vergelijking met regio's. De waarde van de constructie in Europa was groter dan in Amerika (US$121,8 miljard), in Azië (US$79,9 miljard), in Afrika (US$16,4 miljard) en in Oceanië (US$8,9 miljard). De waarde van de constructie per hoofd in Europa was groter dan in Amerika (US$217,5), in Afrika (US$39,9) en in Azië (US$34,4); maar minder dan in Oceanië (US$415,3). De groei van de constructie in Europa was minder dan in Azië (5,1%), in Afrika (4,5%), in Oceanië (1,7%) en in Amerika (1,5%).

Subregio's. De constructie van Europa in de jaren 1970 bestond uit: West-Europa (37,2%), Oost-Europa (31,8%), Zuid-Europa (16,5%) en Noord-Europa (14,4%). Het aandeel van de constructie in de economie van subregio's: Zuid-Europa (8,7%), Oost-Europa (8,3%), West-Europa (7,6%) en Noord-Europa (7,2%). De bouw per hoofd van de bevolking in subregio's: West-Europa ($441,4), Noord-Europa ($358,4), Zuid-Europa ($251,6) en Oost-Europa ($187,5). De groei van de constructie in subregio's: Oost-Europa (6,2%), West-Europa (0,77%), Zuid-Europa (0,49%) en Noord-Europa (-0,12%).

Leiders. De sector van de constructie in Europa in de jaren 1970 bestond uit: Sovjet-Unie (26,0%), Duitsland (16,7%), Frankrijk (11,1%), Verenigd Koninkrijk (8,8%), Italië (7,9%), en andere (29,4%). Het aandeel van de constructie in economie van de leiders: Sovjet-Unie (8,1%), Italië (7,8%), Duitsland (7,6%), Frankrijk (7,5%) en Verenigd Koninkrijk (7,2%). De sector van de constructie per hoofd in Europa onder de leiders: Duitsland ($428,6), Frankrijk ($417,3), Verenigd Koninkrijk ($315,7), Italië ($290,8) en Sovjet-Unie ($208,1). De groei van de constructie onder de leiders: Sovjet-Unie (6,5%), Frankrijk (2,0%), Duitsland (0,66%), Italië (-0,20%) en Verenigd Koninkrijk (-0,55%).

de jaren 1980

De toegevoegde waarde van de constructie in Europa bedroeg in de jaren 1980 US$355,2 miljard per jaar. Het aandeel in de wereld was 39,5%.

Het aandeel van de constructie in de economie van Europa was 7,0% in de jaren 1980, en was vergelijkbaar met de Comoren (7,0%), Azië (7,0%), Oceanië (6,9%).

De toegevoegde waarde van de constructie per hoofd in Europa was $462,7 in de jaren 1980s, en was vergelijkbaar met de Turks- en Caicoseilanden (US$461,8). De toegevoegde waarde van de constructie per hoofd in Europa was in 2,5 keer hoger dan de constructie per hoofd van de bevolking in de wereld ($186,2).

De groei van de constructie in Europa bedroeg 1.9% in de jaren 1980. De groei van de constructie in Europa (1,9%) was groter dan de groei van de constructie in de wereld (1,7%).

Vergelijking met regio's. De sector van de constructie in Europa was groter dan in Amerika (US$262,8 miljard), in Azië (US$236,3 miljard), in Afrika (US$28,9 miljard) en in Oceanië (US$16,8 miljard). De constructie per hoofd in Europa was groter dan in Amerika (US$396,8), in Azië (US$83,3) en in Afrika (US$53,3); maar minder dan in Oceanië (US$677,4). De groei van de constructie in Europa was groter dan in Amerika (0,83%) en in Afrika (0,41%); maar minder dan in Oceanië (2,8%) en in Azië (2,7%).

Subregio's. De toegevoegde waarde van de constructie in Europa in de jaren 1980 bestond uit: West-Europa (37,8%), Oost-Europa (25,5%), Zuid-Europa (19,0%) en Noord-Europa (17,8%). Het aandeel van de constructie in de economie van subregio's: Oost-Europa (8,3%), Zuid-Europa (7,1%), West-Europa (6,5%) en Noord-Europa (6,4%). De constructie per hoofd van de bevolking in subregio's: West-Europa ($773,3), Noord-Europa ($762,6), Zuid-Europa ($478,0) en Oost-Europa ($244,4). De groei van de constructie in subregio's: Oost-Europa (4,9%), Noord-Europa (3,2%), Zuid-Europa (1,2%) en West-Europa (0,27%).

Leiders. De bouw van Europa in de jaren 1980 bestond uit: Sovjet-Unie (20,3%), Duitsland (16,3%), Frankrijk (12,0%), Verenigd Koninkrijk (11,6%), Italië (9,9%), en andere (29,9%). Het aandeel van de constructie in economie van de leiders: Sovjet-Unie (8,1%), Verenigd Koninkrijk (6,7%), Frankrijk (6,5%), Duitsland (6,4%) en Italië (6,4%). De toegevoegde waarde van de constructie per hoofd in Europa onder de leiders: Frankrijk ($751,9), Duitsland ($740,2), Verenigd Koninkrijk ($732,7), Italië ($620,6) en Sovjet-Unie ($262,0). De groei van de constructie onder de leiders: Sovjet-Unie (6,2%), Verenigd Koninkrijk (3,4%), Italië (0,70%), Frankrijk (0,67%) en Duitsland (-0,52%).

de jaren 1990

De waarde van de constructie in Europa bedroeg in de jaren 1990 US$552,8 miljard per jaar, en was vergelijkbaar met Azië (US$550,2 miljard). Het aandeel in de wereld was 34,8%.

Het aandeel van de constructie in de economie van Europa was 6,2% in de jaren 1990, en was vergelijkbaar met Griekenland (6,2%), Liechtenstein (6,2%), Oceanië (6,2%).

De waarde van de constructie per hoofd in Europa was $760,7 in de jaren 1990s, en was vergelijkbaar met Frans-Polynesië (US$753,7), Montserrat (US$751,0), Palau (US$749,3). De toegevoegde waarde van de constructie per hoofd in Europa was in 2,7 keer hoger dan de constructie per hoofd van de bevolking in de wereld ($278,6).

De groei van de constructie in Europa bedroeg -1.7% in de jaren 1990. De groei van de constructie in Europa (-1,7%) was minder dan de groei van de constructie in de wereld (0,71%).

Vergelijking met regio's. De toegevoegde waarde van de constructie in Europa was groter dan in Azië (US$550,2 miljard), in Amerika (US$435,1 miljard), in Oceanië (US$25,5 miljard) en in Afrika (US$24,5 miljard). De waarde van de constructie per hoofd in Europa was groter dan in Amerika (US$564,1), in Azië (US$158,8) en in Afrika (US$34,6); maar minder dan in Oceanië (US$881,0). De groei van de constructie in Europa was minder dan in Oceanië (3,0%), in Afrika (2,8%), in Azië (2,3%) en in Amerika (1,8%).

Subregio's. De bouw van Europa in de jaren 1990 bestond uit: West-Europa (46,9%), Zuid-Europa (23,5%), Noord-Europa (18,9%) en Oost-Europa (10,6%). Het aandeel van de constructie in de economie van subregio's: Oost-Europa (8,1%), Zuid-Europa (6,7%), West-Europa (6,0%) en Noord-Europa (5,4%). De bouw per hoofd van de bevolking in subregio's: West-Europa ($1.434,5), Noord-Europa ($1.128,5), Zuid-Europa ($900,9) en Oost-Europa ($190,2). De groei van de constructie in subregio's: Zuid-Europa (0,30%), Noord-Europa (-0,10%), West-Europa (-0,19%) en Oost-Europa (-9,8%).

Leiders. De toegevoegde waarde van de constructie in Europa in de jaren 1990 bestond uit: Duitsland (22,6%), Verenigd Koninkrijk (12,6%), Frankrijk (12,4%), Italië (10,9%), Spanje (9,4%), en andere (32,0%). Het aandeel van de constructie in economie van de leiders: Spanje (9,5%), Duitsland (6,3%), Verenigd Koninkrijk (5,6%), Italië (5,5%) en Frankrijk (5,4%). De waarde van de constructie per hoofd in Europa onder de leiders: Duitsland ($1.552,3), Spanje ($1.309,7), Verenigd Koninkrijk ($1.205,1), Frankrijk ($1.158,8) en Italië ($1.054,2). De groei van de constructie onder de leiders: Spanje (1,5%), Duitsland (-0,047%), Verenigd Koninkrijk (-0,34%), Frankrijk (-0,65%) en Italië (-0,78%).

de jaren 2000

De waarde van de constructie in Europa bedroeg in de jaren 2000 US$838,7 miljard per jaar. Het aandeel in de wereld was 33,8%.

Het aandeel van de constructie in de economie van Europa was 6,1% in de jaren 2000, en was vergelijkbaar met Afghanistan (6,1%), Barbados (6,1%).

De toegevoegde waarde van de constructie per hoofd in Europa was $1.147,4 in de jaren 2000s. De toegevoegde waarde van de constructie per hoofd in Europa was in 3,0 keer hoger dan de constructie per hoofd van de bevolking in de wereld ($381,3).

De groei van de constructie in Europa bedroeg 1% in de jaren 2000, en was vergelijkbaar met Italië (0,97%). De groei van de constructie in Europa (0,97%) was minder dan de groei van de constructie in de wereld (1,5%).

Vergelijking met regio's. De constructie van Europa was groter dan in Amerika (US$818,0 miljard), in Azië (US$719,2 miljard), in Oceanië (US$54,8 miljard) en in Afrika (US$48,7 miljard). De toegevoegde waarde van de constructie per hoofd in Europa was groter dan in Amerika (US$931,0), in Azië (US$181,9) en in Afrika (US$53,8); maar minder dan in Oceanië (US$1.644,6). De groei van de constructie in Europa was groter dan in Amerika (-0,96%); maar minder dan in Afrika (8,4%), in Oceanië (4,8%) en in Azië (4,4%).

Subregio's. De toegevoegde waarde van de constructie in Europa in de jaren 2000 bestond uit: West-Europa (36,0%), Zuid-Europa (28,4%), Noord-Europa (24,3%) en Oost-Europa (11,3%). Het aandeel van de constructie in de economie van subregio's: Zuid-Europa (7,7%), Oost-Europa (6,6%), Noord-Europa (6,2%) en West-Europa (5,0%). De bouw per hoofd van de bevolking in subregio's: Noord-Europa ($2.116,0), West-Europa ($1.612,8), Zuid-Europa ($1.601,6) en Oost-Europa ($317,4). De groei van de constructie in subregio's: Oost-Europa (5,6%), Zuid-Europa (1,3%), Noord-Europa (0,70%) en West-Europa (-0,44%).

Leiders. De waarde van de constructie in Europa in de jaren 2000 bestond uit: Verenigd Koninkrijk (15,8%), Spanje (13,3%), Frankrijk (12,6%), Duitsland (12,4%), Italië (10,8%), en andere (35,0%). Het aandeel van de constructie in economie van de leiders: Spanje (11,3%), Verenigd Koninkrijk (6,3%), Italië (5,7%), Frankrijk (5,6%) en Duitsland (4,2%). De bouw per hoofd in Europa onder de leiders: Spanje ($2.560,2), Verenigd Koninkrijk ($2.186,4), Frankrijk ($1.688,4), Italië ($1.566,5) en Duitsland ($1.281,3). De groei van de constructie onder de leiders: Spanje (1,7%), Frankrijk (1,3%), Italië (0,97%), Verenigd Koninkrijk (0,17%) en Duitsland (-2,9%).

de jaren 2010

De sector van de constructie in Europa bedroeg in de jaren 2010 US$1,1 biljoen per jaar. Het aandeel in de wereld was 25,1%.

Het aandeel van de constructie in de economie van Europa was 5,6% in de jaren 2010, en was vergelijkbaar met Myanmar (5,6%).

De toegevoegde waarde van de constructie per hoofd in Europa was $1.415,6 in de jaren 2010s, en was vergelijkbaar met Zuid-Korea (US$1.422,3), Cyprus (US$1.425,3). De constructie per hoofd in Europa was in 2,5 keer hoger dan de constructie per hoofd van de bevolking in de wereld ($572,1).

De groei van de constructie in Europa bedroeg 0.5% in de jaren 2010. De groei van de constructie in Europa (0,50%) was minder dan de groei van de constructie in de wereld (2,9%).

Vergelijking met regio's. De bouw van Europa was 8,2 keer groter dan in Afrika (US$127,9 miljard) en 8,5 keer groter dan in Oceanië (US$124,5 miljard); maar 39,2% minder dan in Azië (US$1,7 biljoen) en 9,1% minder dan in Amerika (US$1,2 biljoen). De bouw per hoofd in Europa was 19,1% groter dan in Amerika (US$1.189,0), 3,6 keer groter dan in Azië (US$392,9) en 12,9 keer groter dan in Afrika (US$109,4); maar 2,2 keer minder dan in Oceanië (US$3,2 duizend). De groei van de constructie in Europa was minder dan in Afrika (5,8%), in Azië (5,6%), in Oceanië (1,7%) en in Amerika (1,3%).

Subregio's. De sector van de constructie in Europa in de jaren 2010 bestond uit: West-Europa (39,2%), Noord-Europa (23,7%), Oost-Europa (18,8%) en Zuid-Europa (18,3%). Het aandeel van de constructie in de economie van subregio's: Oost-Europa (7,0%), Noord-Europa (5,9%), Zuid-Europa (5,3%) en West-Europa (5,1%). De constructie per hoofd van de bevolking in subregio's: Noord-Europa ($2.422,4), West-Europa ($2.130,6), Zuid-Europa ($1.262,0) en Oost-Europa ($672,3). De groei van de constructie in subregio's: Noord-Europa (2,7%), Oost-Europa (1,3%), West-Europa (0,72%) en Zuid-Europa (-3,3%).

Leiders. De sector van de constructie in Europa in de jaren 2010 bestond uit: Duitsland (14,5%), Verenigd Koninkrijk (14,5%), Frankrijk (13,1%), Rusland (10,9%), Italië (8,3%), en andere (38,6%). Het aandeel van de constructie in economie van de leiders: Rusland (7,4%), Verenigd Koninkrijk (6,2%), Frankrijk (5,7%), Italië (4,7%) en Duitsland (4,6%). De constructie per hoofd in Europa onder de leiders: Verenigd Koninkrijk ($2.326,0), Frankrijk ($2.079,7), Duitsland ($1.871,9), Italië ($1.456,5) en Rusland ($793,7). De groei van de constructie onder de leiders: Verenigd Koninkrijk (2,9%), Rusland (1,8%), Duitsland (1,8%), Frankrijk (-0,78%) en Italië (-3,2%).

Hoofdstuk VII. Vervoer

Transport, opslag en communicatie (ISIC I)

De toegevoegde waarde van het transport in Europa steeg van US$180,1 miljard per jaar in de jaren 1970 tot US$1,8 biljoen per jaar in de jaren 2010, dat wil zeggen met US$1,6 biljoen of 10,0 keer. De verandering vond plaats op US$1,2 biljoen als gevolg van een 3,2-voudige stijging van de prijzen, en ook op US$372,4 miljard als gevolg van een 3,0-voudige toename van de productiviteit , evenals op US$4,6 miljard als gevolg van de toename van de bevolking. De gemiddelde jaarlijkse groei van het transport is 3,0%. De minimumwaarde van het transport bedroeg US$89,6 miljard in 1970. De maximumwaarde van het transport bedroeg US$1,9 biljoen in 2008.

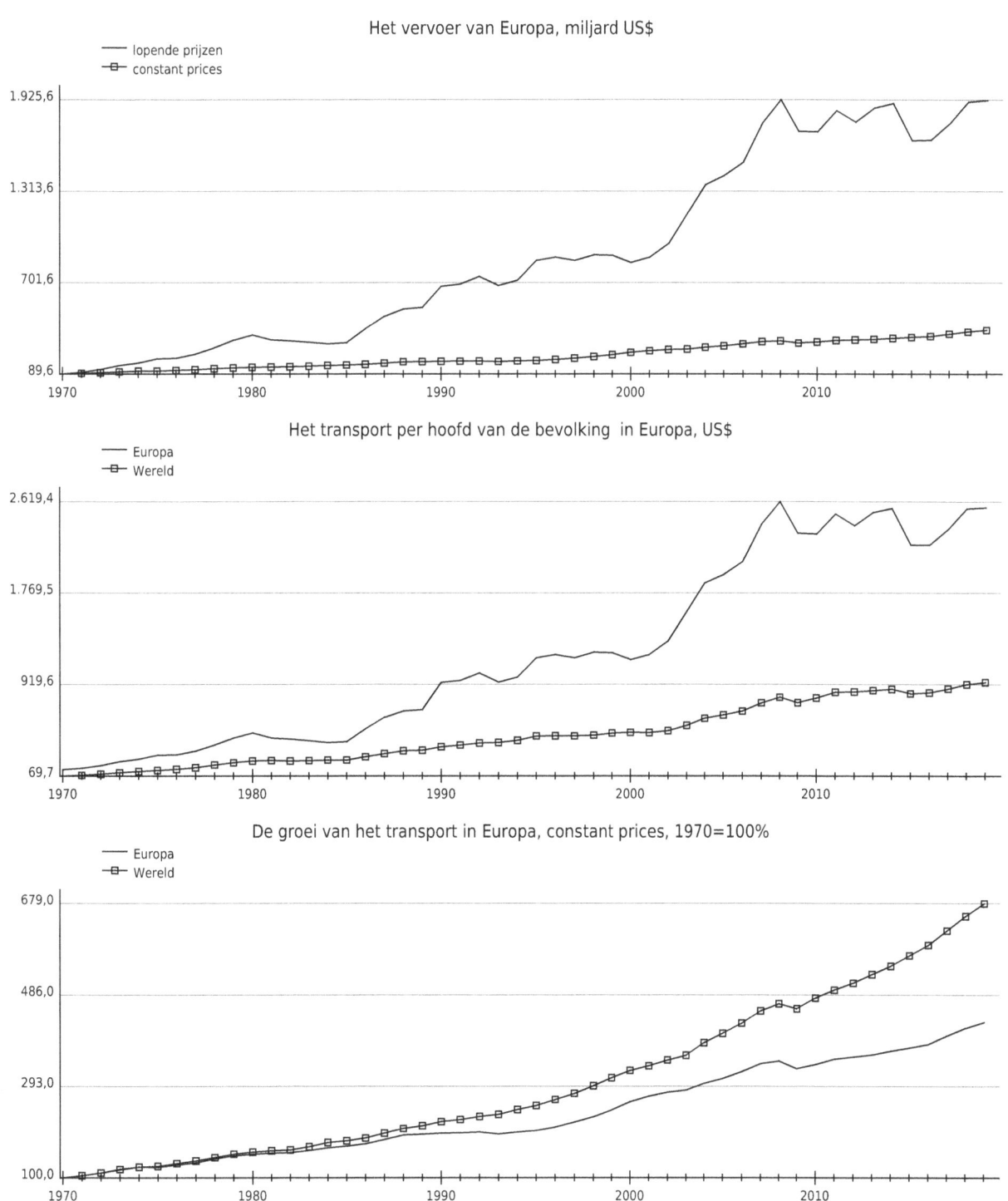

Het vervoer van Europa, miljard US$

Het transport per hoofd van de bevolking in Europa, US$

De groei van het transport in Europa, constant prices, 1970=100%

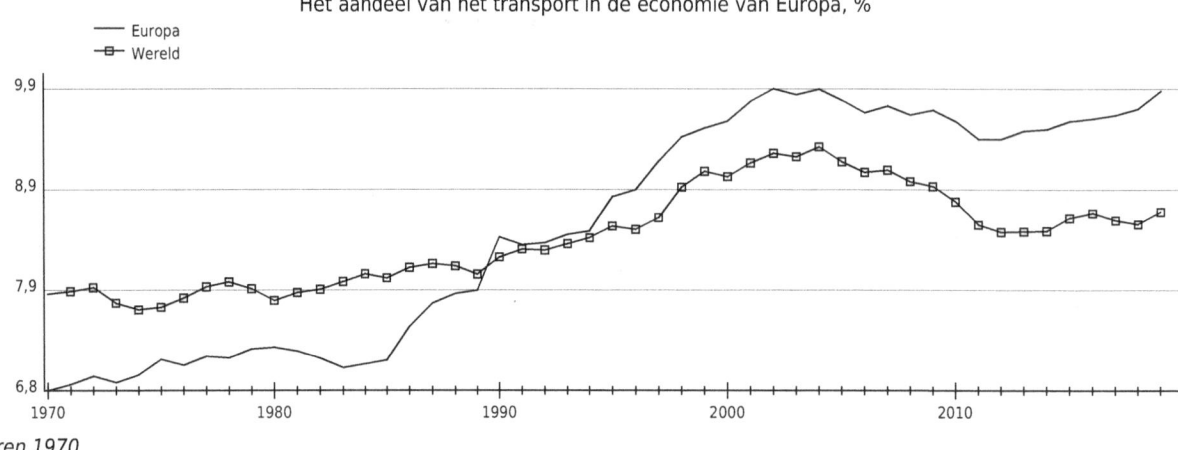

Het aandeel van het transport in de economie van Europa, %

de jaren 1970

Het vervoer van Europa bedroeg in de jaren 1970 US$180,1 miljard per jaar, en was vergelijkbaar met Noord-Amerika (US$181,3 miljard). Het aandeel in de wereld was 36,5%.

Het aandeel van het transport in de economie van Europa was 7,1% in de jaren 1970, en was vergelijkbaar met de FS van Micronesië (7,1%), Jamaica (7,0%), Chili (7,0%).

De waarde van het transport per hoofd in Europa was $248,3 in de jaren 1970s. De toegevoegde waarde van het transport per hoofd in Europa was in 2,0 keer hoger dan het transport per hoofd van de bevolking in de wereld ($122,3).

De groei van het transport in Europa bedroeg 4.3% in de jaren 1970, en was vergelijkbaar met Saint Kitts en Nevis (4,2%), de Verenigde Staten (4,2%), Sierra Leone (4,3%). De groei van het transport in Europa (4,3%) was minder dan de groei van het transport in de wereld (4,6%).

Vergelijking met regio's. De waarde van het transport in Europa was groter dan in Azië (US$79,7 miljard), in Afrika (US$22,9 miljard) en in Oceanië (US$9,0 miljard); maar minder dan in Amerika (US$202,0 miljard). Het transport per hoofd in Europa was groter dan in Afrika (US$55,9) en in Azië (US$34,3); maar minder dan in Oceanië (US$423,7) en in Amerika (US$360,9). De groei van het transport in Europa was groter dan in Azië (4,1%); maar minder dan in Afrika (6,8%), in Amerika (4,9%) en in Oceanië (4,9%).

Subregio's. Het vervoer van Europa in de jaren 1970 bestond uit: West-Europa (41,3%), Noord-Europa (22,2%), Oost-Europa (20,3%) en Zuid-Europa (16,3%). Het aandeel van het transport in de economie van subregio's: Noord-Europa (9,9%), Zuid-Europa (7,7%), West-Europa (7,5%) en Oost-Europa (4,7%). Het vervoer per hoofd van de bevolking in subregio's: Noord-Europa ($492,2), West-Europa ($437,2), Zuid-Europa ($221,0) en Oost-Europa ($106,8). De groei van het transport in subregio's: Oost-Europa (7,3%), Zuid-Europa (5,4%), West-Europa (3,0%) en Noord-Europa (2,5%).

Leiders. De sector van het transport in Europa in de jaren 1970 bestond uit: Duitsland (16,4%), Sovjet-Unie (16,0%), Frankrijk (13,3%), Verenigd Koninkrijk (13,0%), Italië (8,4%), en andere (32,8%). Het aandeel van het transport in economie van de leiders: Verenigd Koninkrijk (9,5%), Frankrijk (8,1%), Italië (7,4%), Duitsland (6,7%) en Sovjet-Unie (4,4%). De waarde van het transport per hoofd in Europa onder de leiders: Frankrijk ($447,4), Verenigd Koninkrijk ($418,1), Duitsland ($376,1), Italië ($276,0) en Sovjet-Unie ($114,0). De groei van het transport onder de leiders: Sovjet-Unie (8,1%), Italië (5,6%), Frankrijk (4,1%), Duitsland (3,0%) en Verenigd Koninkrijk (1,9%).

de jaren 1980

De sector van het transport in Europa bedroeg in de jaren 1980 US$379,6 miljard per jaar. Het aandeel in de wereld was 32,4%.

Het aandeel van het transport in de economie van Europa was 7,4% in de jaren 1980, en was vergelijkbaar met Costa Rica (7,5%), Melanesië (7,4%).

Het vervoer per hoofd in Europa was $494,5 in de jaren 1980s. Het transport per hoofd in Europa was in 2,0 keer hoger dan het transport per hoofd van de bevolking in de wereld ($242,0).

De groei van het transport in Europa bedroeg 2.8% in de jaren 1980, en was vergelijkbaar met Zwitserland (2,7%), Melanesië (2,7%), Noorwegen (2,8%). De groei van het transport in Europa (2,8%) was minder dan de groei van het transport in de wereld (3,4%).

Vergelijking met regio's. Het transport van Europa was groter dan in Azië (US$246,4 miljard), in Afrika (US$48,9 miljard) en in Oceanië (US$21,6 miljard); maar minder dan in Amerika (US$473,4 miljard). Het transport per hoofd in Europa was groter dan in Afrika (US$90,3) en in Azië (US$86,8); maar minder dan in Oceanië (US$872,5) en in Amerika (US$714,8). De groei van het transport in Europa was groter dan in Afrika (-0,23%); maar minder dan in Azië (5,2%), in Oceanië (4,2%) en in Amerika (3,5%).

Subregio's. De sector van het transport in Europa in de jaren 1980 bestond uit: West-Europa (41,4%), Noord-Europa (23,2%), Zuid-Europa (21,2%) en Oost-Europa (14,2%). Het aandeel van het transport in de economie van subregio's: Noord-Europa (9,0%), Zuid-Europa (8,5%), West-Europa (7,6%) en Oost-Europa (4,9%). Het vervoer per hoofd van de bevolking in subregio's: Noord-Europa ($1.063,5), West-Europa ($906,4), Zuid-Europa ($569,9) en Oost-Europa ($145,6). De groei van het transport in subregio's: Zuid-Europa (3,3%), Noord-Europa (3,0%), West-Europa (3,0%) en Oost-Europa (1,8%).

Leiders. De sector van het transport in Europa in de jaren 1980 bestond uit: Duitsland (14,9%), Frankrijk (14,8%), Verenigd Koninkrijk (14,0%), Italië (12,2%), Sovjet-Unie (10,3%), en andere (33,9%). Het aandeel van het transport in economie van de leiders: Frankrijk (8,6%), Verenigd Koninkrijk (8,5%), Italië (8,3%), Duitsland (6,2%) en Sovjet-Unie (4,4%). De toegevoegde waarde van het transport per hoofd in Europa onder de leiders: Frankrijk ($993,7), Verenigd Koninkrijk ($938,7), Italië ($812,2), Duitsland ($725,5) en Sovjet-Unie ($142,2). De groei van het transport onder de leiders: Frankrijk (5,4%), Italië (3,9%), Verenigd Koninkrijk (3,0%), Duitsland (1,8%) en Sovjet-Unie (1,8%).

de jaren 1990

De sector van het transport in Europa bedroeg in de jaren 1990 US$784,9 miljard per jaar. Het aandeel in de wereld was 33,6%.

Het aandeel van het transport in de economie van Europa was 8,8% in de jaren 1990, en was vergelijkbaar met Roemenië (8,7%), de Nederland (8,7%).

Het transport per hoofd in Europa was $1.080,1 in de jaren 1990s, en was vergelijkbaar met Nieuw-Caledonië (US$1.058,4), Amerika (US$1.104,4). De toegevoegde waarde van het transport per hoofd in Europa was in 2,6 keer hoger dan het transport per hoofd van de bevolking in de wereld ($409,5).

De groei van het transport in Europa bedroeg 2.4% in de jaren 1990, en was vergelijkbaar met Polynesië (2,4%), Papoea-Nieuw-Guinea (2,4%). De groei van het transport in Europa (2,4%) was minder dan de groei van het transport in de wereld (4,0%).

Vergelijking met regio's. De waarde van het transport in Europa was groter dan in Azië (US$614,0 miljard), in Afrika (US$44,7 miljard) en in Oceanië (US$38,6 miljard); maar minder dan in Amerika (US$851,9 miljard). De waarde van het transport per hoofd in Europa was groter dan in Azië (US$177,2) en in Afrika (US$63,1); maar minder dan in Oceanië (US$1.336,3) en in Amerika (US$1.104,4). De groei van het transport in Europa was minder dan in Azië (5,4%), in Amerika (4,7%), in Oceanië (4,7%) en in Afrika (3,3%).

Subregio's. Het vervoer van Europa in de jaren 1990 bestond uit: West-Europa (45,8%), Noord-Europa (24,4%), Zuid-Europa (21,2%) en Oost-Europa (8,7%). Het aandeel van het transport in de economie van subregio's: Noord-Europa (9,9%), Oost-Europa (9,4%), Zuid-Europa (8,6%) en West-Europa (8,3%). Het vervoer per hoofd van de bevolking in subregio's: Noord-Europa ($2.064,0), West-Europa ($1.984,9), Zuid-Europa ($1.152,7) en Oost-Europa ($220,5). De groei van het transport in subregio's: Noord-Europa (4,6%), West-Europa (3,8%), Zuid-Europa (3,2%) en Oost-Europa (-4,6%).

Leiders. De toegevoegde waarde van het transport in Europa in de jaren 1990 bestond uit: Duitsland (18,4%), Frankrijk (15,1%), Verenigd Koninkrijk (15,0%), Italië (12,0%), Spanje (6,3%), en andere (33,2%). Het aandeel van het transport in economie van de leiders: Verenigd Koninkrijk (9,5%), Frankrijk (9,3%), Spanje (9,0%), Italië (8,6%) en Duitsland (7,3%). De sector van het transport per hoofd in Europa onder de leiders: Verenigd Koninkrijk ($2.031,3), Frankrijk ($1.999,2), Duitsland ($1.789,0), Italië ($1.651,1) en Spanje ($1.238,8). De groei van het transport onder de leiders: Frankrijk (4,8%), Verenigd Koninkrijk (4,7%), Italië (4,1%), Duitsland (3,9%) en Spanje (2,1%).

de jaren 2000

De toegevoegde waarde van het transport in Europa bedroeg in de jaren 2000 US$1,4 biljoen per jaar. Het aandeel in de wereld was 33,5%.

Het aandeel van het transport in de economie van Europa was 9,8% in de jaren 2000, en was vergelijkbaar met IJsland (9,8%), Slowakije (9,8%), de Nederland (9,7%).

De sector van het transport per hoofd in Europa was $1.850,1 in de jaren 2000s, en was vergelijkbaar met San Marino (US$1.849,7),

Nieuw-Zeeland (US$1.867,7), Frans-Polynesië (US$1.876,1). Het vervoer per hoofd in Europa was in 3,0 keer hoger dan het transport per hoofd van de bevolking in de wereld ($621,1).

De groei van het transport in Europa bedroeg 3.1% in de jaren 2000, en was vergelijkbaar met de Verenigde Staten (3,1%), het Verenigd Koninkrijk (3,1%). De groei van het transport in Europa (3,1%) was minder dan de groei van het transport in de wereld (3,9%).

Vergelijking met regio's. De waarde van het transport in Europa was groter dan in Azië (US$1,0 biljoen), in Afrika (US$90,0 miljard) en in Oceanië (US$66,9 miljard); maar minder dan in Amerika (US$1,5 biljoen). De waarde van het transport per hoofd in Europa was groter dan in Amerika (US$1.687,7), in Azië (US$264,8) en in Afrika (US$99,3); maar minder dan in Oceanië (US$2,0 duizend). De groei van het transport in Europa was minder dan in Afrika (7,8%), in Azië (5,4%), in Oceanië (3,7%) en in Amerika (3,2%).

Subregio's. Het vervoer van Europa in de jaren 2000 bestond uit: West-Europa (41,9%), Noord-Europa (25,9%), Zuid-Europa (21,2%) en Oost-Europa (11,0%). Het aandeel van het transport in de economie van subregio's: Noord-Europa (10,6%), Oost-Europa (10,3%), West-Europa (9,4%) en Zuid-Europa (9,3%). Het vervoer per hoofd van de bevolking in subregio's: Noord-Europa ($3.646,3), West-Europa ($3.028,8), Zuid-Europa ($1.921,0) en Oost-Europa ($497,7). De groei van het transport in subregio's: Oost-Europa (4,4%), Noord-Europa (3,1%), West-Europa (2,9%) en Zuid-Europa (2,8%).

Leiders. De toegevoegde waarde van het transport in Europa in de jaren 2000 bestond uit: Duitsland (16,9%), Verenigd Koninkrijk (16,0%), Frankrijk (13,7%), Italië (11,2%), Spanje (6,3%), en andere (35,9%). Het aandeel van het transport in economie van de leiders: Verenigd Koninkrijk (10,3%), Frankrijk (9,8%), Italië (9,6%), Duitsland (9,1%) en Spanje (8,6%). De sector van het transport per hoofd in Europa onder de leiders: Verenigd Koninkrijk ($3.572,9), Frankrijk ($2.955,1), Duitsland ($2.803,7), Italië ($2.618,1) en Spanje ($1.963,8). De groei van het transport onder de leiders: Duitsland (3,4%), Verenigd Koninkrijk (3,1%), Frankrijk (2,7%), Italië (2,5%) en Spanje (2,1%).

de jaren 2010

De toegevoegde waarde van het transport in Europa bedroeg in de jaren 2010 US$1,8 biljoen per jaar, en was vergelijkbaar met de Verenigde Staten (US$1,8 biljoen). Het aandeel in de wereld was 28,4%.

Het aandeel van het transport in de economie van Europa was 9,6% in de jaren 2010, en was vergelijkbaar met Micronesië (9,6%), Senegal (9,6%), Jordanië (9,5%).

De waarde van het transport per hoofd in Europa was $2.422,4 in de jaren 2010s, en was vergelijkbaar met Nieuw-Caledonië (US$2,4 duizend), Amerika (US$2,4 duizend), de Bahama's (US$2,5 duizend). De toegevoegde waarde van het transport per hoofd in Europa was in 2,8 keer hoger dan het transport per hoofd van de bevolking in de wereld ($864,8).

De groei van het transport in Europa bedroeg 2.6% in de jaren 2010, en was vergelijkbaar met Frankrijk (2,6%), Tsjechië (2,7%). De groei van het transport in Europa (2,6%) was minder dan de groei van het transport in de wereld (4,0%).

Vergelijking met regio's. Het vervoer van Europa was 8,9 keer groter dan in Afrika (US$202,9 miljard) en 15,0 keer groter dan in Oceanië (US$120,4 miljard); maar 22,4% minder dan in Amerika (US$2,3 biljoen) en 5,0% minder dan in Azië (US$1,9 biljoen). De toegevoegde waarde van het transport per hoofd in Europa was 1,7% groter dan in Amerika (US$2,4 duizend), 5,6 keer groter dan in Azië (US$430,2) en 13,9 keer groter dan in Afrika (US$173,7); maar 21,0% minder dan in Oceanië (US$3,1 duizend). De groei van het transport in Europa was groter dan in Oceanië (2,3%); maar minder dan in Azië (4,7%), in Amerika (4,7%) en in Afrika (3,8%).

Subregio's. De toegevoegde waarde van het transport in Europa in de jaren 2010 bestond uit: West-Europa (41,5%), Noord-Europa (25,6%), Zuid-Europa (18,3%) en Oost-Europa (14,6%). Het aandeel van het transport in de economie van subregio's: Noord-Europa (10,9%), Oost-Europa (9,3%), West-Europa (9,3%) en Zuid-Europa (9,0%). Het transport per hoofd van de bevolking in subregio's: Noord-Europa ($4.478,9), West-Europa ($3.854,9), Zuid-Europa ($2.159,5) en Oost-Europa ($896,5). De groei van het transport in subregio's: Noord-Europa (3,6%), Oost-Europa (3,5%), West-Europa (2,5%) en Zuid-Europa (0,89%).

Leiders. De sector van het transport in Europa in de jaren 2010 bestond uit: Duitsland (16,6%), Verenigd Koninkrijk (14,3%), Frankrijk (12,9%), Italië (9,6%), Rusland (6,8%), en andere (39,8%). Het aandeel van het transport in economie van de leiders: Verenigd Koninkrijk (10,4%), Frankrijk (9,7%), Italië (9,3%), Duitsland (9,1%) en Rusland (7,8%). De toegevoegde waarde van het transport per hoofd in Europa onder de leiders: Verenigd Koninkrijk ($3.929,2), Duitsland ($3.665,2), Frankrijk ($3.498,3), Italië ($2.857,4) en Rusland ($844,4). De groei van het transport onder de leiders: Verenigd Koninkrijk (2,8%), Duitsland (2,7%), Frankrijk (2,6%), Rusland (2,0%) en

Italië (0,10%).

Hoofdstuk VIII. Handel

Groothandel, detailhandel, restaurants en hotels (ISIC G-H)

De waarde van de handel in Europa steeg van US$326,5 miljard per jaar in de jaren 1970 tot US$2,7 biljoen per jaar in de jaren 2010, dat wil zeggen met US$2,4 biljoen of 8,3 keer. De verandering vond plaats op US$1,9 biljoen als gevolg van een 3,5-voudige stijging van de prijzen, en ook op US$431,4 miljard als gevolg van een 2,3-voudige toename van de productiviteit , evenals op US$8,4 miljard als gevolg van de toename van de bevolking. De gemiddelde jaarlijkse groei van de handel is 2,3%. De minimumwaarde van de handel bedroeg US$157,0 miljard in 1970. De maximumwaarde van de handel bedroeg US$2,9 biljoen in 2008.

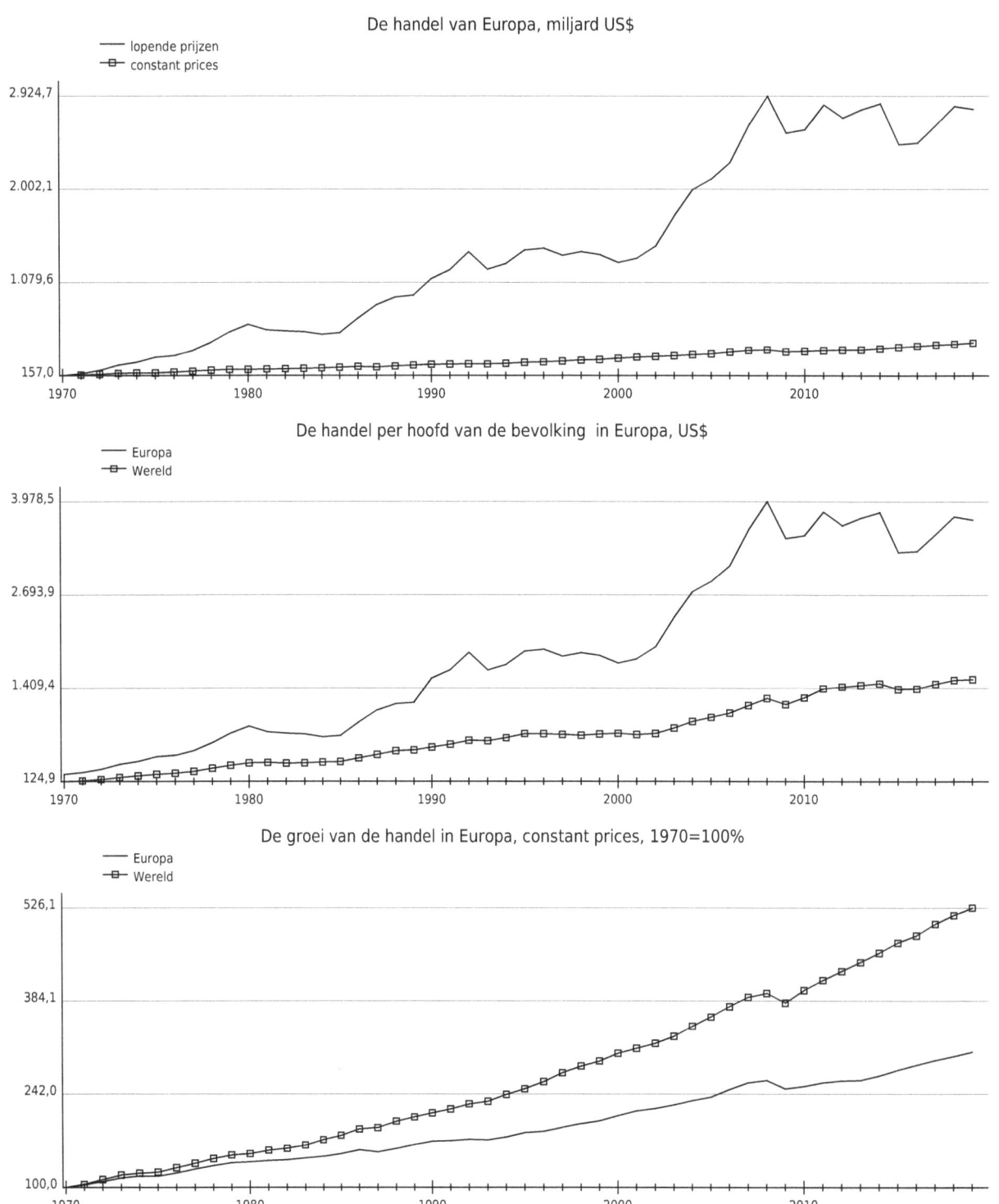

De handel van Europa, miljard US$

De handel per hoofd van de bevolking in Europa, US$

De groei van de handel in Europa, constant prices, 1970=100%

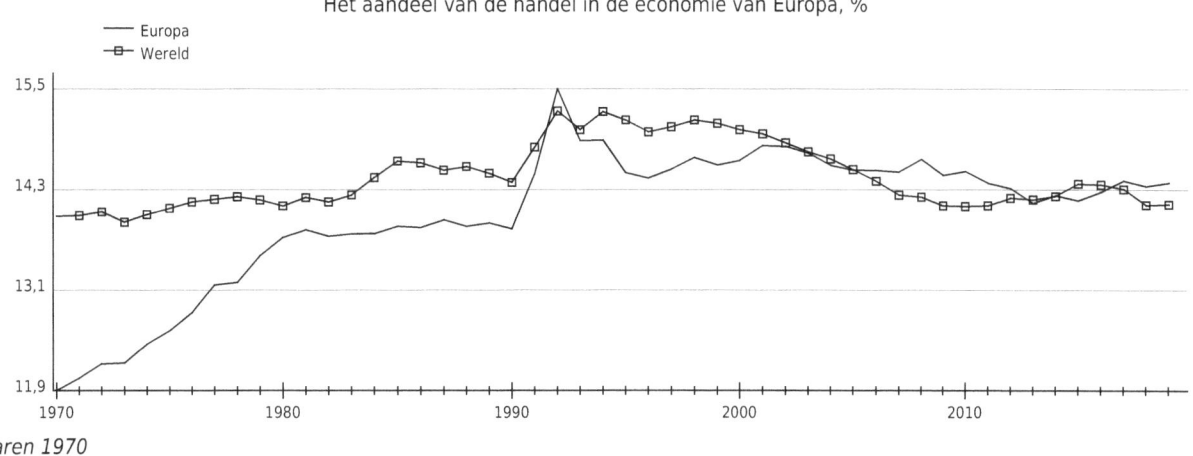

Het aandeel van de handel in de economie van Europa, %

de jaren 1970

De handel van Europa bedroeg in de jaren 1970 US$326,5 miljard per jaar. Het aandeel in de wereld was 36,6%.

Het aandeel van de handel in de economie van Europa was 12,8% in de jaren 1970, en was vergelijkbaar met Niger (12,8%), Ecuador (12,9%).

De waarde van de handel per hoofd in Europa was $450,1 in de jaren 1970s, en was vergelijkbaar met Spanje (US$456,1), Zuid-Europa (US$459,1), Puerto Rico (US$460,6). De waarde van de handel per hoofd in Europa was in 2,0 keer hoger dan de handel per hoofd van de bevolking in de wereld ($221,0).

De groei van de handel in Europa bedroeg 3.6% in de jaren 1970, en was vergelijkbaar met de Nederland (3,6%), Portugal (3,6%). De groei van de handel in Europa (3,6%) was minder dan de groei van de handel in de wereld (4,5%).

Vergelijking met regio's. De waarde van de handel in Europa was groter dan in Azië (US$156,4 miljard), in Afrika (US$30,3 miljard) en in Oceanië (US$12,7 miljard); maar minder dan in Amerika (US$366,6 miljard). De handel per hoofd in Europa was groter dan in Afrika (US$73,8) en in Azië (US$67,4); maar minder dan in Amerika (US$654,8) en in Oceanië (US$597,4). De groei van de handel in Europa was groter dan in Oceanië (1,6%); maar minder dan in Azië (7,7%), in Afrika (4,6%) en in Amerika (4,4%).

Subregio's. De waarde van de handel in Europa in de jaren 1970 bestond uit: West-Europa (42,4%), Oost-Europa (22,3%), Zuid-Europa (18,6%) en Noord-Europa (16,7%). Het aandeel van de handel in de economie van subregio's: Zuid-Europa (15,9%), West-Europa (14,0%), Noord-Europa (13,5%) en Oost-Europa (9,4%). De handel per hoofd van de bevolking in subregio's: West-Europa ($813,5), Noord-Europa ($672,7), Zuid-Europa ($459,1) en Oost-Europa ($212,7). De groei van de handel in subregio's: Oost-Europa (5,5%), Zuid-Europa (4,5%), West-Europa (3,1%) en Noord-Europa (2,1%).

Leiders. De sector van de handel in Europa in de jaren 1970 bestond uit: Sovjet-Unie (19,1%), Duitsland (18,7%), Frankrijk (12,5%), Verenigd Koninkrijk (10,0%), Italië (9,7%), en andere (30,0%). Het aandeel van de handel in economie van de leiders: Italië (15,5%), Frankrijk (13,8%), Duitsland (13,7%), Verenigd Koninkrijk (13,3%) en Sovjet-Unie (9,6%). De waarde van de handel per hoofd in Europa onder de leiders: Duitsland ($775,5), Frankrijk ($762,4), Verenigd Koninkrijk ($584,0), Italië ($575,6) en Sovjet-Unie ($247,1). De groei van de handel onder de leiders: Sovjet-Unie (5,2%), Frankrijk (3,9%), Italië (3,8%), Duitsland (3,0%) en Verenigd Koninkrijk (1,9%).

de jaren 1980

De handel van Europa bedroeg in de jaren 1980 US$707,2 miljard per jaar, en was vergelijkbaar met Noord-Amerika (US$703,6 miljard). Het aandeel in de wereld was 33,4%.

Het aandeel van de handel in de economie van Europa was 13,9% in de jaren 1980, en was vergelijkbaar met Canada (13,8%), Iran (13,8%), Colombia (13,8%).

De waarde van de handel per hoofd in Europa was $921,4 in de jaren 1980s, en was vergelijkbaar met Brunei (US$920,3), Israël (US$899,2). De sector van de handel per hoofd in Europa was in 2,1 keer hoger dan de handel per hoofd van de bevolking in de wereld ($437,7).

De groei van de handel in Europa bedroeg 1.9% in de jaren 1980, en was vergelijkbaar met Djibouti (1,8%). De groei van de handel in Europa (1,9%) was minder dan de groei van de handel in de wereld (3,3%).

Vergelijking met regio's. De toegevoegde waarde van de handel in Europa was groter dan in Azië (US$473,2 miljard), in Afrika (US$66,0 miljard) en in Oceanië (US$29,6 miljard); maar minder dan in Amerika (US$839,7 miljard). De waarde van de handel per hoofd in Europa was groter dan in Azië (US$166,8) en in Afrika (US$121,8); maar minder dan in Amerika (US$1.268,0) en in Oceanië (US$1.193,9). De groei van de handel in Europa was minder dan in Azië (5,8%), in Amerika (3,5%), in Afrika (2,7%) en in Oceanië (2,5%).

Subregio's. De toegevoegde waarde van de handel in Europa in de jaren 1980 bestond uit: West-Europa (40,0%), Zuid-Europa (23,4%), Oost-Europa (18,5%) en Noord-Europa (18,1%). Het aandeel van de handel in de economie van subregio's: Zuid-Europa (17,4%), West-Europa (13,6%), Noord-Europa (13,1%) en Oost-Europa (11,9%). De handel per hoofd van de bevolking in subregio's: West-Europa ($1.633,0), Noord-Europa ($1.546,7), Zuid-Europa ($1.171,5) en Oost-Europa ($352,7). De groei van de handel in subregio's: Noord-Europa (2,7%), West-Europa (2,1%), Zuid-Europa (1,7%) en Oost-Europa (0,27%).

Leiders. De handel van Europa in de jaren 1980 bestond uit: Duitsland (16,5%), Sovjet-Unie (15,9%), Italië (13,5%), Frankrijk (12,5%), Verenigd Koninkrijk (11,5%), en andere (30,1%). Het aandeel van de handel in economie van de leiders: Italië (17,3%), Frankrijk (13,6%), Verenigd Koninkrijk (13,1%), Duitsland (12,9%) en Sovjet-Unie (12,7%). De handel per hoofd in Europa onder de leiders: Italië ($1.684,2), Frankrijk ($1.563,0), Duitsland ($1.496,0), Verenigd Koninkrijk ($1.442,4) en Sovjet-Unie ($408,1). De groei van de handel onder de leiders: Verenigd Koninkrijk (3,0%), Frankrijk (2,6%), Italië (2,3%), Duitsland (1,8%) en Sovjet-Unie (-0,62%).

de jaren 1990

De handel van Europa bedroeg in de jaren 1990 US$1,3 biljoen per jaar. Het aandeel in de wereld was 31,8%.

Het aandeel van de handel in de economie van Europa was 14,7% in de jaren 1990, en was vergelijkbaar met Honduras (14,6%), Colombia (14,7%), de Nederland (14,6%).

De toegevoegde waarde van de handel per hoofd in Europa was $1.798,1 in de jaren 1990s, en was vergelijkbaar met Nieuw-Zeeland (US$1.786,1), Malta (US$1.813,9), Portugal (US$1.818,2). De sector van de handel per hoofd in Europa was in 2,5 keer hoger dan de handel per hoofd van de bevolking in de wereld ($721,8).

De groei van de handel in Europa bedroeg 2% in de jaren 1990, en was vergelijkbaar met Monaco (2,0%). De groei van de handel in Europa (2,0%) was minder dan de groei van de handel in de wereld (3,5%).

Vergelijking met regio's. De toegevoegde waarde van de handel in Europa was groter dan in Azië (US$1,2 biljoen), in Afrika (US$85,2 miljard) en in Oceanië (US$55,4 miljard); maar minder dan in Amerika (US$1,5 biljoen). De waarde van de handel per hoofd in Europa was groter dan in Azië (US$337,1) en in Afrika (US$120,3); maar minder dan in Amerika (US$1.943,2) en in Oceanië (US$1.916,7). De groei van de handel in Europa was minder dan in Azië (4,9%), in Amerika (3,8%), in Oceanië (3,3%) en in Afrika (2,8%).

Subregio's. De waarde van de handel in Europa in de jaren 1990 bestond uit: West-Europa (44,8%), Zuid-Europa (26,1%), Noord-Europa (20,0%) en Oost-Europa (9,1%). Het aandeel van de handel in de economie van subregio's: Zuid-Europa (17,7%), Oost-Europa (16,3%), West-Europa (13,5%) en Noord-Europa (13,5%). De handel per hoofd van de bevolking in subregio's: West-Europa ($3.238,6), Noord-Europa ($2.808,4), Zuid-Europa ($2.370,9) en Oost-Europa ($383,5). De groei van de handel in subregio's: Noord-Europa (2,9%), West-Europa (2,3%), Zuid-Europa (1,8%) en Oost-Europa (-0,33%).

Leiders. De sector van de handel in Europa in de jaren 1990 bestond uit: Duitsland (18,6%), Italië (14,2%), Frankrijk (13,5%), Verenigd Koninkrijk (13,5%), Spanje (8,0%), en andere (32,2%). Het aandeel van de handel in economie van de leiders: Spanje (19,0%), Italië (16,9%), Verenigd Koninkrijk (14,2%), Frankrijk (13,8%) en Duitsland (12,3%). De sector van de handel per hoofd in Europa onder de leiders: Italië ($3.255,0), Verenigd Koninkrijk ($3.043,0), Duitsland ($3.021,8), Frankrijk ($2.980,3) en Spanje ($2.614,4). De groei van de handel onder de leiders: Verenigd Koninkrijk (2,6%), Duitsland (2,5%), Frankrijk (2,4%), Italië (1,9%) en Spanje (1,9%).

de jaren 2000

De handel van Europa bedroeg in de jaren 2000 US$2,0 biljoen per jaar, en was vergelijkbaar met Noord-Amerika (US$2,0 biljoen). Het aandeel in de wereld was 31,5%.

Het aandeel van de handel in de economie van Europa was 14,6% in de jaren 2000, en was vergelijkbaar met de Salomonseilanden (14,6%), België (14,7%), Moldavië (14,6%).

De waarde van de handel per hoofd in Europa was $2.771,1 in de jaren 2000s, en was vergelijkbaar met Amerika (US$2,8 duizend), de Cookeilanden (US$2,7 duizend), Nieuw-Zeeland (US$2,8 duizend). De handel per hoofd in Europa was in 2,8 keer hoger dan de handel per hoofd van de bevolking in de wereld ($990,3).

De groei van de handel in Europa bedroeg 2.2% in de jaren 2000, en was vergelijkbaar met Argentinië (2,2%). De groei van de handel in Europa (2,2%) was minder dan de groei van de handel in de wereld (2,7%).

Vergelijking met regio's. De toegevoegde waarde van de handel in Europa was groter dan in Azië (US$1,7 biljoen), in Afrika (US$148,7 miljard) en in Oceanië (US$97,4 miljard); maar minder dan in Amerika (US$2,4 biljoen). De toegevoegde waarde van de handel per hoofd in Europa was groter dan in Amerika (US$2,8 duizend), in Azië (US$438,7) en in Afrika (US$164,0); maar minder dan in Oceanië (US$2,9 duizend). De groei van de handel in Europa was groter dan in Amerika (1,6%); maar minder dan in Afrika (5,9%), in Azië (4,5%) en in Oceanië (3,0%).

Subregio's. De sector van de handel in Europa in de jaren 2000 bestond uit: West-Europa (40,1%), Zuid-Europa (25,3%), Noord-Europa (21,6%) en Oost-Europa (13,0%). Het aandeel van de handel in de economie van subregio's: Oost-Europa (18,3%), Zuid-Europa (16,7%), West-Europa (13,5%) en Noord-Europa (13,2%). De handel per hoofd van de bevolking in subregio's: Noord-Europa ($4.545,8), West-Europa ($4.338,1), Zuid-Europa ($3.445,0) en Oost-Europa ($881,6). De groei van de handel in subregio's: Oost-Europa (6,5%), Noord-Europa (1,7%), West-Europa (1,7%) en Zuid-Europa (1,3%).

Leiders. De toegevoegde waarde van de handel in Europa in de jaren 2000 bestond uit: Duitsland (14,6%), Verenigd Koninkrijk (14,5%), Frankrijk (12,7%), Italië (12,1%), Spanje (8,9%), en andere (37,3%). Het aandeel van de handel in economie van de leiders: Spanje (18,1%), Italië (15,4%), Verenigd Koninkrijk (14,0%), Frankrijk (13,6%) en Duitsland (11,8%). De waarde van de handel per hoofd in Europa onder de leiders: Verenigd Koninkrijk ($4.856,7), Italië ($4.213,6), Spanje ($4.119,6), Frankrijk ($4.090,9) en Duitsland ($3.637,0). De groei van de handel onder de leiders: Spanje (2,0%), Duitsland (1,7%), Verenigd Koninkrijk (1,3%), Frankrijk (1,2%) en Italië (0,45%).

de jaren 2010

De waarde van de handel in Europa bedroeg in de jaren 2010 US$2,7 biljoen per jaar. Het aandeel in de wereld was 25,6%.

Het aandeel van de handel in de economie van Europa was 14,3% in de jaren 2010, en was vergelijkbaar met Bangladesh (14,4%), Estland (14,4%), Slovenië (14,3%).

De toegevoegde waarde van de handel per hoofd in Europa was $3.620,4 in de jaren 2010s, en was vergelijkbaar met Malta (US$3,6 duizend), Barbados (US$3,6 duizend), Portugal (US$3,7 duizend). De toegevoegde waarde van de handel per hoofd in Europa was in 2,5 keer hoger dan de handel per hoofd van de bevolking in de wereld ($1.436,8).

De groei van de handel in Europa bedroeg 2% in de jaren 2010, en was vergelijkbaar met Australazië (2,0%), Oceanië (2,0%). De groei van de handel in Europa (2,0%) was minder dan de groei van de handel in de wereld (3,3%).

Vergelijking met regio's. De handel van Europa was 7,9 keer groter dan in Afrika (US$340,8 miljard) en 15,1 keer groter dan in Oceanië (US$178,6 miljard); maar 27,3% minder dan in Amerika (US$3,7 biljoen) en 25,6% minder dan in Azië (US$3,6 biljoen). De toegevoegde waarde van de handel per hoofd in Europa was 4,4 keer groter dan in Azië (US$821,1) en 12,4 keer groter dan in Afrika (US$291,7); maar 20,4% minder dan in Oceanië (US$4,6 duizend) en 4,8% minder dan in Amerika (US$3,8 duizend). De groei van de handel in Europa was minder dan in Azië (5,6%), in Afrika (3,4%), in Amerika (2,1%) en in Oceanië (2,0%).

Subregio's. De handel van Europa in de jaren 2010 bestond uit: West-Europa (39,5%), Zuid-Europa (22,9%), Noord-Europa (20,0%) en Oost-Europa (17,6%). Het aandeel van de handel in de economie van subregio's: Zuid-Europa (16,8%), Oost-Europa (16,7%), West-Europa (13,2%) en Noord-Europa (12,7%). De handel per hoofd van de bevolking in subregio's: West-Europa ($5.484,5), Noord-Europa ($5.244,2), Zuid-Europa ($4.035,5) en Oost-Europa ($1.609,1). De groei van de handel in subregio's: Noord-Europa (2,9%), Oost-Europa (2,4%), West-Europa (1,8%) en Zuid-Europa (1,4%).

Leiders. De handel van Europa in de jaren 2010 bestond uit: Duitsland (13,8%), Verenigd Koninkrijk (12,3%), Frankrijk (11,7%), Italië (10,5%), Rusland (10,3%), en andere (41,4%). Het aandeel van de handel in economie van de leiders: Rusland (17,7%), Italië (15,3%), Verenigd Koninkrijk (13,4%), Frankrijk (13,1%) en Duitsland (11,3%). De toegevoegde waarde van de handel per hoofd in Europa onder de leiders: Verenigd Koninkrijk ($5.030,4), Frankrijk ($4.755,6), Italië ($4.684,0), Duitsland ($4.551,8) en Rusland ($1.914,6). De groei van de handel onder de leiders: Verenigd Koninkrijk (2,8%), Duitsland (2,0%), Frankrijk (1,9%), Rusland (1,7%) en Italië (1,6%).

Hoofdstuk IX. Diensten

(ISIC J-P)

De waarde van de diensten in Europa steeg van US$819,9 miljard per jaar in de jaren 1970 tot US$9,1 biljoen per jaar in de jaren 2010, dat wil zeggen met US$8,3 biljoen of 11,1 keer. De verandering vond plaats op US$7,0 biljoen als gevolg van een 4,4-voudige stijging van de prijzen, en ook op US$1,2 biljoen als gevolg van een 2,5-voudige toename van de productiviteit , evenals op US$21,0 miljard als gevolg van de toename van de bevolking. De gemiddelde jaarlijkse groei van de diensten is 2,4%. De minimumwaarde van de diensten bedroeg US$384,9 miljard in 1970. De maximumwaarde van de diensten bedroeg US$9,8 biljoen in 2014.

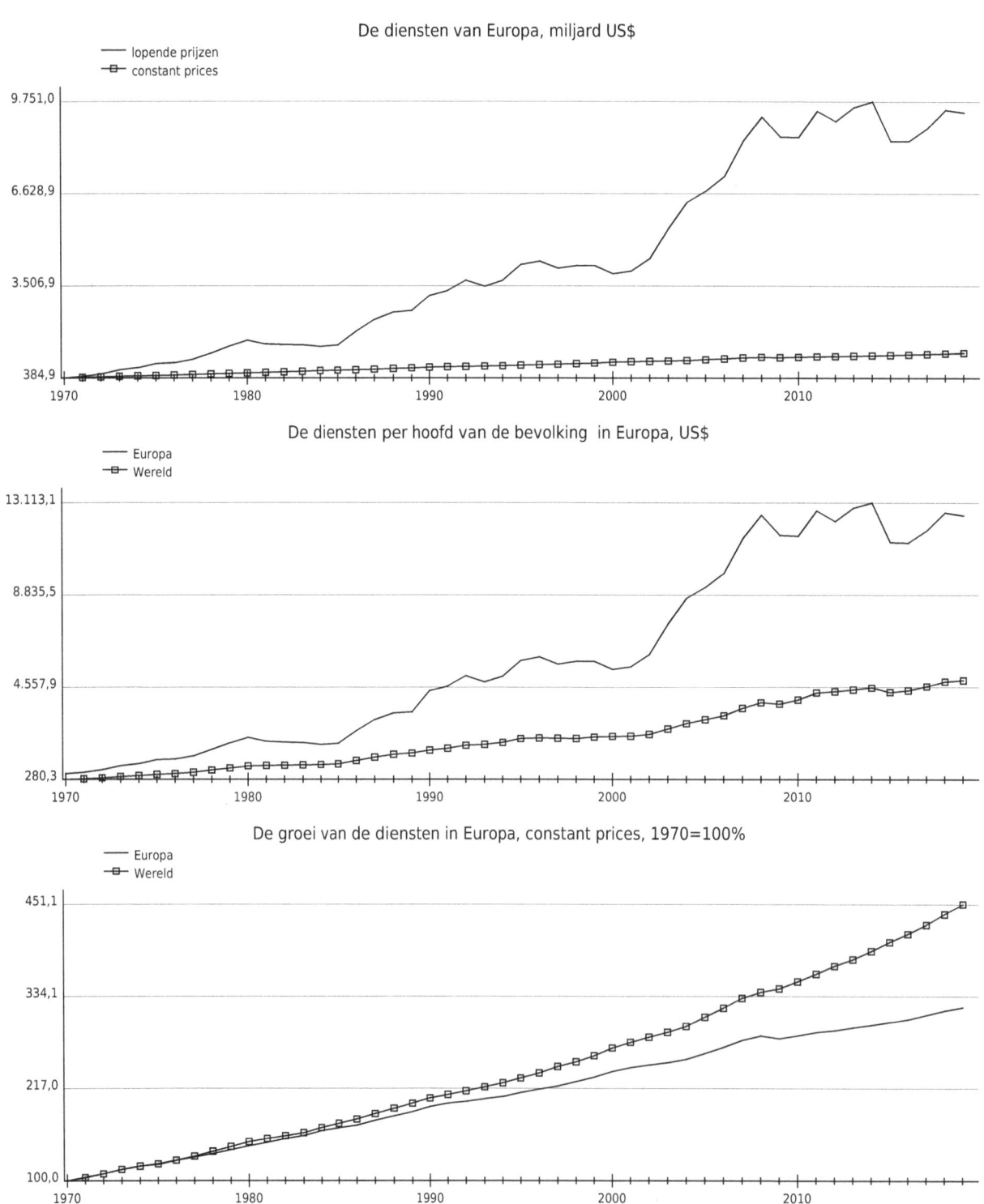

De diensten van Europa, miljard US$

De diensten per hoofd van de bevolking in Europa, US$

De groei van de diensten in Europa, constant prices, 1970=100%

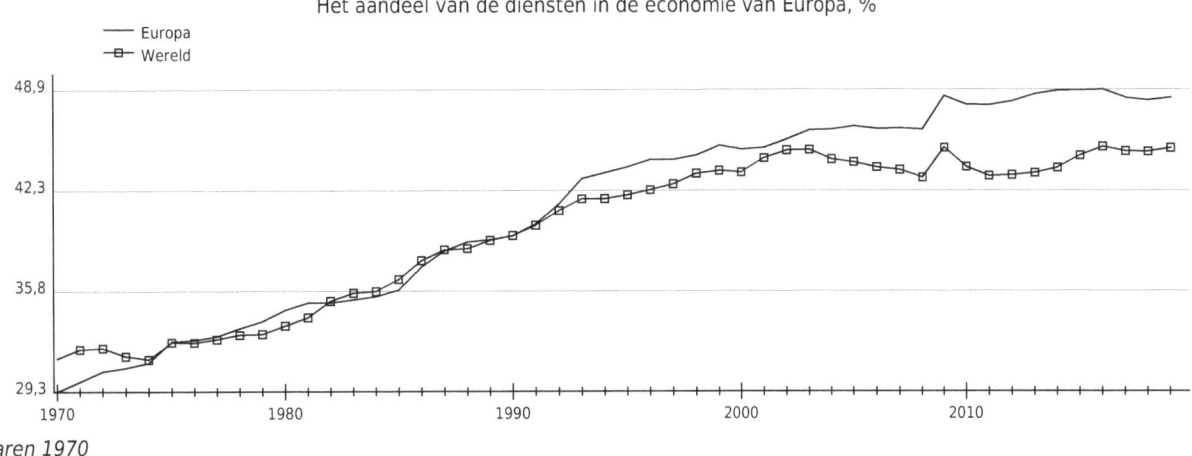

Het aandeel van de diensten in de economie van Europa, %

de jaren 1970

De sector van de diensten in Europa bedroeg in de jaren 1970 US$819,9 miljard per jaar. Het aandeel in de wereld was 40,1%.

Het aandeel van de diensten in de economie van Europa was 32,2% in de jaren 1970, en was vergelijkbaar met de Comoren (32,3%), Congo-Brazzaville (32,3%), Cyprus (32,3%).

De diensten per hoofd in Europa waren $1.130,2 in de jaren 1970s, en waren vergelijkbaar met Hongkong (US$1.106,9). De sector van de diensten per hoofd in Europa was in 2,2 keer hoger dan de diensten per hoofd van de bevolking in de wereld ($506,9).

De groei van de diensten in Europa bedroeg 3.7% in de jaren 1970, en was vergelijkbaar met Zuidelijk Afrika (3,8%). De groei van de diensten in Europa (3,7%) was minder dan de groei van de diensten in de wereld (4,1%).

Vergelijking met regio's. De waarde van de diensten in Europa was groter dan in Azië (US$282,2 miljard), in Afrika (US$64,0 miljard) en in Oceanië (US$39,4 miljard); maar minder dan in Amerika (US$841,3 miljard). De toegevoegde waarde van de diensten per hoofd in Europa was groter dan in Afrika (US$156,0) en in Azië (US$121,6); maar minder dan in Oceanië (US$1.847,3) en in Amerika (US$1.502,8). De groei van de diensten in Europa was groter dan in Amerika (3,7%); maar minder dan in Azië (6,5%), in Afrika (5,5%) en in Oceanië (4,0%).

Subregio's. De sector van de diensten in Europa in de jaren 1970 bestond uit: West-Europa (44,0%), Oost-Europa (23,9%), Noord-Europa (18,4%) en Zuid-Europa (13,8%). Het aandeel van de diensten in de economie van subregio's: Noord-Europa (37,2%), West-Europa (36,6%), Zuid-Europa (29,5%) en Oost-Europa (25,4%). De diensten per hoofd van de bevolking in subregio's: West-Europa ($2.119,8), Noord-Europa ($1.852,3), Zuid-Europa ($852,0) en Oost-Europa ($573,9). De groei van de diensten in subregio's: Zuid-Europa (4,0%), West-Europa (4,0%), Oost-Europa (3,3%) en Noord-Europa (3,1%).

Leiders. De toegevoegde waarde van de diensten in Europa in de jaren 1970 bestond uit: Sovjet-Unie (20,5%), Duitsland (18,3%), Frankrijk (14,9%), Verenigd Koninkrijk (11,5%), Italië (8,1%), en andere (26,7%). Het aandeel van de diensten in economie van de leiders: Frankrijk (41,0%), Verenigd Koninkrijk (38,4%), Duitsland (33,8%), Italië (32,6%) en Sovjet-Unie (25,9%). De waarde van de diensten per hoofd in Europa onder de leiders: Frankrijk ($2.271,8), Duitsland ($1.907,6), Verenigd Koninkrijk ($1.684,4), Italië ($1.207,9) en Sovjet-Unie ($667,3). De groei van de diensten onder de leiders: Duitsland (4,8%), Frankrijk (3,9%), Italië (3,5%), Verenigd Koninkrijk (2,8%) en Sovjet-Unie (0,90%).

de jaren 1980

De diensten van Europa bedroegen in de jaren 1980 US$1,9 biljoen per jaar, en waren vergelijkbaar met de Verenigde Staten (US$1,9 biljoen). Het aandeel in de wereld was 34,9%.

Het aandeel van de diensten in de economie van Europa was 36,8% in de jaren 1980, en was vergelijkbaar met de Wereld (36,8%), Vanuatu (36,9%), Andorra (36,9%).

De sector van de diensten per hoofd in Europa was $2.449,2 in de jaren 1980s, en was vergelijkbaar met Polynesië (US$2,4 duizend), Ierland (US$2,5 duizend). De sector van de diensten per hoofd in Europa was in 2,2 keer hoger dan de diensten per hoofd van de bevolking in de wereld ($1.115,5).

De groei van de diensten in Europa bedroeg 3% in de jaren 1980, en was vergelijkbaar met Tsjaad (3,0%), Qatar (3,0%), Oeganda

(3,0%). De groei van de diensten in Europa (3,0%) was minder dan de groei van de diensten in de wereld (3,3%).

Vergelijking met regio's. De sector van de diensten in Europa was groter dan in Azië (US$997,1 miljard), in Afrika (US$127,7 miljard) en in Oceanië (US$97,5 miljard); maar minder dan in Amerika (US$2,3 biljoen). De diensten per hoofd in Europa waren groter dan in Azië (US$351,5) en in Afrika (US$235,7); maar minder dan in Oceanië (US$3,9 duizend) en in Amerika (US$3,5 duizend). De groei van de diensten in Europa was groter dan in Amerika (2,8%); maar minder dan in Azië (5,3%), in Oceanië (4,0%) en in Afrika (3,9%).

Subregio's. De toegevoegde waarde van de diensten in Europa in de jaren 1980 bestond uit: West-Europa (46,3%), Noord-Europa (21,7%), Zuid-Europa (17,1%) en Oost-Europa (14,9%). Het aandeel van de diensten in de economie van subregio's: West-Europa (41,9%), Noord-Europa (41,5%), Zuid-Europa (33,8%) en Oost-Europa (25,6%). De diensten per hoofd van de bevolking in subregio's: West-Europa ($5.018,9), Noord-Europa ($4.920,7), Zuid-Europa ($2.275,9) en Oost-Europa ($759,1). De groei van de diensten in subregio's: Oost-Europa (4,1%), Zuid-Europa (3,3%), Noord-Europa (3,0%) en West-Europa (2,7%).

Leiders. De diensten van Europa in de jaren 1980 bestonden uit: Duitsland (19,3%), Frankrijk (15,7%), Verenigd Koninkrijk (14,1%), Sovjet-Unie (12,3%), Italië (10,8%), en andere (27,8%). Het aandeel van de diensten in economie van de leiders: Frankrijk (45,2%), Verenigd Koninkrijk (42,7%), Duitsland (39,9%), Italië (36,7%) en Sovjet-Unie (26,1%). De diensten per hoofd in Europa onder de leiders: Frankrijk ($5.211,0), Verenigd Koninkrijk ($4.700,6), Duitsland ($4.642,6), Italië ($3.575,8) en Sovjet-Unie ($842,7). De groei van de diensten onder de leiders: Sovjet-Unie (6,3%), Verenigd Koninkrijk (3,3%), Italië (3,3%), Duitsland (3,1%) en Frankrijk (2,3%).

de jaren 1990

De sector van de diensten in Europa bedroeg in de jaren 1990 US$3,8 biljoen per jaar, en was vergelijkbaar met de Verenigde Staten (US$3,8 biljoen). Het aandeel in de wereld was 33,5%.

Het aandeel van de diensten in de economie van Europa was 43,1% in de jaren 1990, en was vergelijkbaar met Uruguay (43,1%), Nieuw-Zeeland (43,1%), Montserrat (43,0%).

De waarde van de diensten per hoofd in Europa was $5.286,9 in de jaren 1990s, en was vergelijkbaar met Zuid-Europa (US$5,3 duizend), Brunei (US$5,2 duizend), Bahrein (US$5,4 duizend). De waarde van de diensten per hoofd in Europa was in 2,6 keer hoger dan de diensten per hoofd van de bevolking in de wereld ($2.014,6).

De groei van de diensten in Europa bedroeg 2.1% in de jaren 1990. De groei van de diensten in Europa (2,1%) was minder dan de groei van de diensten in de wereld (2,7%).

Vergelijking met regio's. De waarde van de diensten in Europa was groter dan in Azië (US$2,5 biljoen), in Oceanië (US$185,7 miljard) en in Afrika (US$154,3 miljard); maar minder dan in Amerika (US$4,8 biljoen). De toegevoegde waarde van de diensten per hoofd in Europa was groter dan in Azië (US$732,9) en in Afrika (US$217,8); maar minder dan in Oceanië (US$6,4 duizend) en in Amerika (US$6,2 duizend). De groei van de diensten in Europa was minder dan in Azië (4,5%), in Oceanië (3,6%), in Afrika (2,6%) en in Amerika (2,4%).

Subregio's. De toegevoegde waarde van de diensten in Europa in de jaren 1990 bestond uit: West-Europa (52,5%), Noord-Europa (23,1%), Zuid-Europa (20,0%) en Oost-Europa (4,4%). Het aandeel van de diensten in de economie van subregio's: West-Europa (46,5%), Noord-Europa (46,0%), Zuid-Europa (39,9%) en Oost-Europa (23,2%). De diensten per hoofd van de bevolking in subregio's: West-Europa ($11.144,8), Noord-Europa ($9.562,0), Zuid-Europa ($5.343,2) en Oost-Europa ($544,5). De groei van de diensten in subregio's: Noord-Europa (2,7%), West-Europa (2,5%), Zuid-Europa (1,6%) en Oost-Europa (0,060%).

Leiders. De diensten van Europa in de jaren 1990 bestonden uit: Duitsland (23,6%), Frankrijk (16,4%), Verenigd Koninkrijk (15,4%), Italië (12,1%), Spanje (5,1%), en andere (27,3%). Het aandeel van de diensten in economie van de leiders: Frankrijk (49,0%), Verenigd Koninkrijk (47,8%), Duitsland (45,9%), Italië (42,3%) en Spanje (36,1%). De diensten per hoofd in Europa onder de leiders: Duitsland ($11.259,5), Frankrijk ($10.578,2), Verenigd Koninkrijk ($10.233,8), Italië ($8.161,2) en Spanje ($4.969,7). De groei van de diensten onder de leiders: Duitsland (3,2%), Verenigd Koninkrijk (3,0%), Spanje (2,5%), Frankrijk (1,6%) en Italië (1,1%).

de jaren 2000

De sector van de diensten in Europa bedroeg in de jaren 2000 US$6,4 biljoen per jaar. Het aandeel in de wereld was 32,8%.

Het aandeel van de diensten in de economie van Europa was 46,4% in de jaren 2000, en was vergelijkbaar met Palau (46,4%), Zwitserland (46,3%), Kiribati (46,5%).

De toegevoegde waarde van de diensten per hoofd in Europa was $8.787,5 in de jaren 2000s, en was vergelijkbaar met Griekenland (US$8,8 duizend). De sector van de diensten per hoofd in Europa was in 2,9 keer hoger dan de diensten per hoofd van de bevolking in de wereld ($3.011,2).

De groei van de diensten in Europa bedroeg 2% in de jaren 2000, en was vergelijkbaar met de Nederland (1,9%), Kroatië (2,0%). De groei van de diensten in Europa (2,0%) was minder dan de groei van de diensten in de wereld (2,9%).

Vergelijking met regio's. De diensten van Europa waren groter dan in Azië (US$4,2 biljoen), in Oceanië (US$370,5 miljard) en in Afrika (US$284,9 miljard); maar minder dan in Amerika (US$8,3 biljoen). De sector van de diensten per hoofd in Europa was groter dan in Azië (US$1.071,6) en in Afrika (US$314,3); maar minder dan in Oceanië (US$11,1 duizend) en in Amerika (US$9,4 duizend). De groei van de diensten in Europa was minder dan in Azië (5,5%), in Afrika (5,1%), in Oceanië (3,2%) en in Amerika (2,2%).

Subregio's. De sector van de diensten in Europa in de jaren 2000 bestond uit: West-Europa (46,6%), Noord-Europa (25,1%), Zuid-Europa (21,3%) en Oost-Europa (7,1%). Het aandeel van de diensten in de economie van subregio's: West-Europa (49,7%), Noord-Europa (48,8%), Zuid-Europa (44,3%) en Oost-Europa (31,4%). De diensten per hoofd van de bevolking in subregio's: Noord-Europa ($16.762,5), West-Europa ($15.983,8), Zuid-Europa ($9.170,8) en Oost-Europa ($1.518,0). De groei van de diensten in subregio's: Oost-Europa (3,8%), Noord-Europa (2,5%), Zuid-Europa (2,2%) en West-Europa (1,3%).

Leiders. De sector van de diensten in Europa in de jaren 2000 bestond uit: Duitsland (19,0%), Verenigd Koninkrijk (16,9%), Frankrijk (15,5%), Italië (11,5%), Spanje (6,3%), en andere (30,8%). Het aandeel van de diensten in economie van de leiders: Frankrijk (52,9%), Verenigd Koninkrijk (52,0%), Duitsland (48,8%), Italië (46,6%) en Spanje (40,8%). De sector van de diensten per hoofd in Europa onder de leiders: Verenigd Koninkrijk ($18.012,4), Frankrijk ($15.875,1), Duitsland ($14.979,9), Italië ($12.714,9) en Spanje ($9.259,8). De groei van de diensten onder de leiders: Spanje (4,4%), Verenigd Koninkrijk (2,7%), Frankrijk (1,5%), Italië (0,93%) en Duitsland (0,57%).

de jaren 2010

De toegevoegde waarde van de diensten in Europa bedroeg in de jaren 2010 US$9,1 biljoen per jaar. Het aandeel in de wereld was 27,7%.

Het aandeel van de diensten in de economie van Europa was 48,4% in de jaren 2010, en was vergelijkbaar met Zuid-Europa (48,3%), Duitsland (48,7%), IJsland (48,7%).

De waarde van de diensten per hoofd in Europa was $12.213,1 in de jaren 2010s, en was vergelijkbaar met Spanje (US$12,4 duizend). De diensten per hoofd in Europa waren in 2,7 keer hoger dan de diensten per hoofd van de bevolking in de wereld ($4.467,8).

De groei van de diensten in Europa bedroeg 1.3% in de jaren 2010. De groei van de diensten in Europa (1,3%) was minder dan de groei van de diensten in de wereld (2,7%).

Vergelijking met regio's. De toegevoegde waarde van de diensten in Europa was 11,4 keer groter dan in Oceanië (US$794,2 miljard) en 14,7 keer groter dan in Afrika (US$617,1 miljard); maar 29,3% minder dan in Amerika (US$12,8 biljoen) en 3,6% minder dan in Azië (US$9,4 biljoen). De diensten per hoofd in Europa waren 5,7 keer groter dan in Azië (US$2,1 duizend) en 23,1 keer groter dan in Afrika (US$528,2); maar 39,6% minder dan in Oceanië (US$20,2 duizend) en 7,4% minder dan in Amerika (US$13,2 duizend). De groei van de diensten in Europa was minder dan in Azië (5,4%), in Afrika (3,4%), in Oceanië (2,9%) en in Amerika (1,8%).

Subregio's. De diensten van Europa in de jaren 2010 bestonden uit: West-Europa (45,4%), Noord-Europa (23,7%), Zuid-Europa (19,5%) en Oost-Europa (11,4%). Het aandeel van de diensten in de economie van subregio's: West-Europa (51,2%), Noord-Europa (50,9%), Zuid-Europa (48,3%) en Oost-Europa (36,5%). De diensten per hoofd van de bevolking in subregio's: West-Europa ($21.280,7), Noord-Europa ($20.942,2), Zuid-Europa ($11.589,2) en Oost-Europa ($3.512,6). De groei van de diensten in subregio's: Oost-Europa (1,9%), Noord-Europa (1,7%), West-Europa (1,4%) en Zuid-Europa (0,45%).

Leiders. De sector van de diensten in Europa in de jaren 2010 bestond uit: Duitsland (17,7%), Verenigd Koninkrijk (14,9%), Frankrijk (14,8%), Italië (10,1%), Spanje (6,4%), en andere (36,2%). Het aandeel van de diensten in economie van de leiders: Frankrijk (55,8%), Verenigd Koninkrijk (54,9%), Italië (49,5%), Duitsland (48,7%) en Spanje (47,3%). De waarde van de diensten per hoofd in Europa onder de leiders: Verenigd Koninkrijk ($20.663,8), Frankrijk ($20.220,5), Duitsland ($19.637,7), Italië ($15.188,9) en Spanje ($12.445,9). De groei van de diensten onder de leiders: Verenigd Koninkrijk (1,7%), Frankrijk (1,4%), Duitsland (1,2%), Spanje (1,2%) en Italië (0,083%).

Part III. Externe betrekkingen

Netto-uitvoer in BBP, %

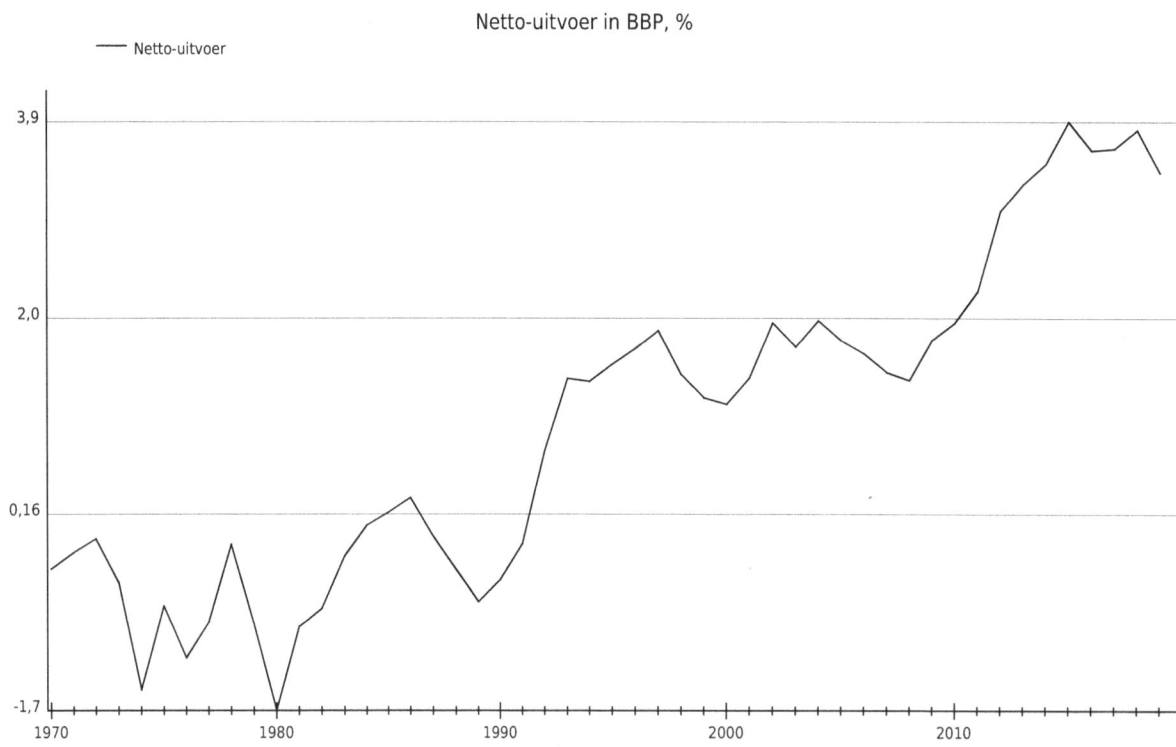

Hoofdstuk X. Uitvoer

Uitvoer van goederen en diensten

De uitvoer van Europa steeg van US$469,2 miljard per jaar in de jaren 1970 tot US$9,0 biljoen per jaar in de jaren 2010, dat wil zeggen met US$8,5 biljoen of 19,1 keer. De verandering vond plaats op US$5,8 biljoen als gevolg van een 2,8-voudige stijging van de prijzen, en ook op US$2,7 biljoen als gevolg van een 6,5-voudige toename van het tarief per hoofd , evenals op US$12,0 miljard als gevolg van de toename van de bevolking. De gemiddelde jaarlijkse groei van de export is 4,9%. De minimumwaarde van de export bedroeg US$191,5 miljard in 1970. De maximumwaarde van de export bedroeg US$10,1 biljoen in 2018.

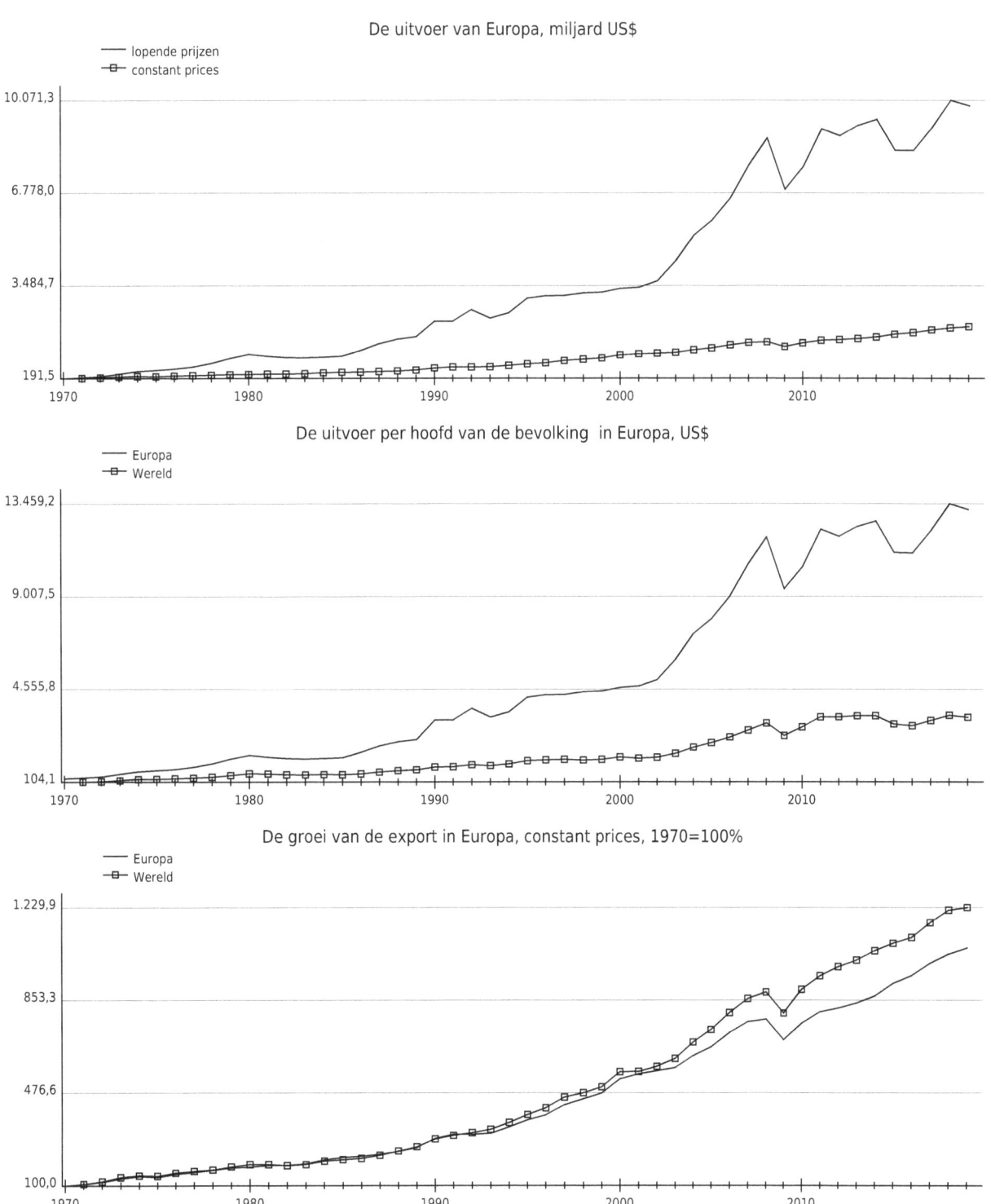

De uitvoer van Europa, miljard US$

De uitvoer per hoofd van de bevolking in Europa, US$

De groei van de export in Europa, constant prices, 1970=100%

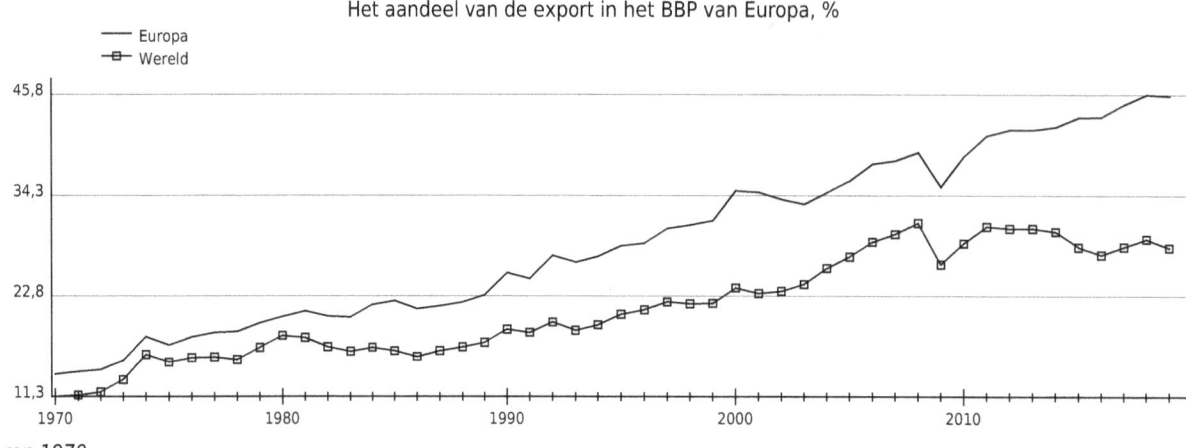

Het aandeel van de export in het BBP van Europa, %

de jaren 1970

De waarde van de export in Europa bedroeg in de jaren 1970 US$469,2 miljard per jaar. Het aandeel in de wereld was 48,0%.

Het aandeel van de export in het BBP van Europa was 17,5% in de jaren 1970, en was vergelijkbaar met Egypte (17,4%), Chili (17,7%), Zuid-Europa (17,4%).

De waarde van de export per hoofd in Europa was $646,7 in de jaren 1970s. De uitvoer per hoofd in Europa was in 2,7 keer hoger dan de export per hoofd van de bevolking in de wereld ($242,1).

De groei van de export in Europa bedroeg 6.1% in de jaren 1970, en was vergelijkbaar met Melanesië (6,1%), IJsland (6,2%). De groei van de export in Europa (6,1%) was minder dan de groei van de export in de wereld (6,5%).

Vergelijking met regio's. De waarde van de export in Europa was groter dan in Amerika (US$222,4 miljard), in Azië (US$210,9 miljard), in Afrika (US$56,2 miljard) en in Oceanië (US$18,8 miljard). De uitvoer per hoofd in Europa was groter dan in Amerika (US$397,2), in Afrika (US$137,0) en in Azië (US$90,8); maar minder dan in Oceanië (US$882,5). De groei van de export in Europa was groter dan in Afrika (5,7%) en in Oceanië (4,4%); maar minder dan in Azië (7,9%) en in Amerika (6,4%).

Subregio's. De waarde van de export in Europa in de jaren 1970 bestond uit: West-Europa (56,0%), Noord-Europa (24,2%), Zuid-Europa (15,1%) en Oost-Europa (4,7%). Het aandeel van de export in het BBP van subregio's: Noord-Europa (27,2%), West-Europa (24,3%), Zuid-Europa (17,4%) en Oost-Europa (2,9%). De uitvoer per hoofd van de bevolking in subregio's: West-Europa ($1.546,2), Noord-Europa ($1.397,6), Zuid-Europa ($533,0) en Oost-Europa ($64,7). De groei van de export in subregio's: Oost-Europa (11,3%), Zuid-Europa (7,6%), West-Europa (5,6%) en Noord-Europa (5,1%).

Leiders. De uitvoer van Europa in de jaren 1970 bestond uit: Duitsland (17,7%), Frankrijk (13,7%), Verenigd Koninkrijk (13,1%), Nederland (9,6%), Italië (9,1%), en andere (36,9%). Het aandeel van de export in BBP van de leiders: Nederland (46,3%), Verenigd Koninkrijk (26,0%), Italië (19,5%), Frankrijk (19,3%) en Duitsland (17,1%). De waarde van de export per hoofd in Europa onder de leiders: Nederland ($3.308,3), Frankrijk ($1.199,1), Verenigd Koninkrijk ($1.094,1), Duitsland ($1.052,2) en Italië ($772,3). De groei van de export onder de leiders: Italië (8,0%), Frankrijk (7,8%), Nederland (5,6%), Duitsland (5,1%) en Verenigd Koninkrijk (5,0%).

de jaren 1980

De waarde van de export in Europa bedroeg in de jaren 1980 US$1,2 biljoen per jaar. Het aandeel in de wereld was 45,6%.

Het aandeel van de export in het BBP van Europa was 21,5% in de jaren 1980, en was vergelijkbaar met Frankrijk (21,4%), Monaco (21,4%).

De waarde van de export per hoofd in Europa was $1.521,7 in de jaren 1980s, en was vergelijkbaar met de Cookeilanden (US$1.554,4). De uitvoer per hoofd in Europa was in 2,9 keer hoger dan de export per hoofd van de bevolking in de wereld ($529,9).

De groei van de export in Europa bedroeg 4% in de jaren 1980, en was vergelijkbaar met Frankrijk (4,0%), Zuid-Europa (4,0%). De groei van de export in Europa (4,0%) was groter dan de groei van de export in de wereld (3,8%).

Vergelijking met regio's. De waarde van de export in Europa was groter dan in Azië (US$649,8 miljard), in Amerika (US$590,0 miljard), in Afrika (US$109,1 miljard) en in Oceanië (US$44,1 miljard). De waarde van de export per hoofd in Europa was groter dan in Amerika (US$890,9), in Azië (US$229,0) en in Afrika (US$201,4); maar minder dan in Oceanië (US$1.779,0). De groei van de export in Europa was groter dan in Afrika (-0,87%); maar minder dan in Amerika (5,1%), in Oceanië (4,3%) en in Azië (4,1%).

Subregio's. De waarde van de export in Europa in de jaren 1980 bestond uit: West-Europa (54,6%), Noord-Europa (24,8%), Zuid-Europa (17,0%) en Oost-Europa (3,7%). Het aandeel van de export in het BBP van subregio's: Noord-Europa (28,1%), West-Europa (28,0%), Zuid-Europa (19,5%) en Oost-Europa (3,9%). De uitvoer per hoofd van de bevolking in subregio's: West-Europa ($3.675,0), Noord-Europa ($3.500,8), Zuid-Europa ($1.401,2) en Oost-Europa ($116,5). De groei van de export in subregio's: West-Europa (4,4%), Zuid-Europa (4,0%), Noord-Europa (3,8%) en Oost-Europa (0,63%).

Leiders. De uitvoer van Europa in de jaren 1980 bestond uit: Duitsland (17,8%), Frankrijk (13,3%), Verenigd Koninkrijk (13,3%), Italië (9,9%), Nederland (8,8%), en andere (36,9%). Het aandeel van de export in BBP van de leiders: Nederland (53,5%), Verenigd Koninkrijk (24,8%), Frankrijk (21,4%), Duitsland (21,0%) en Italië (19,4%). De waarde van de export per hoofd in Europa onder de leiders: Nederland ($7.110,4), Frankrijk ($2.757,6), Verenigd Koninkrijk ($2.744,8), Duitsland ($2.667,0) en Italië ($2.025,6). De groei van de export onder de leiders: Duitsland (4,7%), Nederland (4,2%), Frankrijk (4,0%), Italië (3,1%) en Verenigd Koninkrijk (3,0%).

de jaren 1990

De uitvoer van Europa bedroeg in de jaren 1990 US$2,8 biljoen per jaar. Het aandeel in de wereld was 47,2%.

Het aandeel van de export in het BBP van Europa was 28,3% in de jaren 1990, en was vergelijkbaar met Israël (28,3%), Togo (28,1%).

De uitvoer per hoofd in Europa was $3.810,5 in de jaren 1990s, en was vergelijkbaar met Australië (US$3,8 duizend), Barbados (US$3,8 duizend). De uitvoer per hoofd in Europa was in 3,7 keer hoger dan de export per hoofd van de bevolking in de wereld ($1.029,5).

De groei van de export in Europa bedroeg 6.5% in de jaren 1990, en was vergelijkbaar met Guyana (6,5%), Barbados (6,5%). De groei van de export in Europa (6,5%) was minder dan de groei van de export in de wereld (6,9%).

Vergelijking met regio's. De waarde van de export in Europa was groter dan in Azië (US$1,6 biljoen), in Amerika (US$1,3 biljoen), in Afrika (US$143,2 miljard) en in Oceanië (US$91,1 miljard). De waarde van de export per hoofd in Europa was groter dan in Oceanië (US$3,2 duizend), in Amerika (US$1.662,5), in Azië (US$456,7) en in Afrika (US$202,1). De groei van de export in Europa was groter dan in Afrika (2,5%); maar minder dan in Azië (8,1%), in Amerika (7,3%) en in Oceanië (7,2%).

Subregio's. De waarde van de export in Europa in de jaren 1990 bestond uit: West-Europa (51,7%), Noord-Europa (22,7%), Zuid-Europa (16,7%) en Oost-Europa (8,9%). Het aandeel van de export in het BBP van subregio's: Oost-Europa (31,6%), West-Europa (30,0%), Noord-Europa (29,7%) en Zuid-Europa (21,8%). De uitvoer per hoofd van de bevolking in subregio's: West-Europa ($7.912,1), Noord-Europa ($6.769,4), Zuid-Europa ($3.202,7) en Oost-Europa ($802,2). De groei van de export in subregio's: Oost-Europa (15,2%), Noord-Europa (6,7%), West-Europa (5,7%) en Zuid-Europa (5,4%).

Leiders. De waarde van de export in Europa in de jaren 1990 bestond uit: Duitsland (18,4%), Frankrijk (11,9%), Verenigd Koninkrijk (11,7%), Italië (9,4%), Nederland (8,1%), en andere (40,5%). Het aandeel van de export in BBP van de leiders: Nederland (56,7%), Verenigd Koninkrijk (24,4%), Duitsland (23,4%), Frankrijk (23,0%) en Italië (21,5%). De uitvoer per hoofd in Europa onder de leiders: Nederland ($14.519,7), Duitsland ($6.311,2), Verenigd Koninkrijk ($5.602,2), Frankrijk ($5.553,9) en Italië ($4.584,2). De groei van de export onder de leiders: Nederland (6,6%), Frankrijk (6,5%), Duitsland (6,0%), Verenigd Koninkrijk (5,7%) en Italië (4,9%).

de jaren 2000

De uitvoer van Europa bedroeg in de jaren 2000 US$5,6 biljoen per jaar. Het aandeel in de wereld was 44,4%.

Het aandeel van de export in het BBP van Europa was 36,2% in de jaren 2000, en was vergelijkbaar met Montenegro (36,2%), Kroatië (36,3%), Canada (36,1%).

De waarde van de export per hoofd in Europa was $7.642,0 in de jaren 2000s, en was vergelijkbaar met Italië (US$7,6 duizend), Tsjechië (US$7,7 duizend), Trinidad en Tobago (US$7,5 duizend). De uitvoer per hoofd in Europa was in 4,0 keer hoger dan de export per hoofd van de bevolking in de wereld ($1.933,7).

De groei van de export in Europa bedroeg 3.8% in de jaren 2000, en was vergelijkbaar met West-Europa (3,8%), Ecuador (3,8%). De groei van de export in Europa (3,8%) was minder dan de groei van de export in de wereld (4,8%).

Vergelijking met regio's. De uitvoer van Europa was groter dan in Azië (US$4,0 biljoen), in Amerika (US$2,4 biljoen), in Afrika (US$361,2 miljard) en in Oceanië (US$183,2 miljard). De uitvoer per hoofd in Europa was groter dan in Oceanië (US$5,5 duizend), in Amerika (US$2,8 duizend), in Azië (US$1.011,8) en in Afrika (US$398,4). De groei van de export in Europa was groter dan in Oceanië

(3,0%) en in Amerika (2,9%); maar minder dan in Azië (7,5%) en in Afrika (5,3%).

Subregio's. De uitvoer van Europa in de jaren 2000 bestond uit: West-Europa (49,4%), Noord-Europa (23,0%), Zuid-Europa (15,9%) en Oost-Europa (11,7%). Het aandeel van de export in het BBP van subregio's: West-Europa (41,4%), Oost-Europa (39,7%), Noord-Europa (34,7%) en Zuid-Europa (26,0%). De uitvoer per hoofd van de bevolking in subregio's: West-Europa ($14.730,4), Noord-Europa ($13.348,8), Zuid-Europa ($5.975,5) en Oost-Europa ($2.192,6). De groei van de export in subregio's: Oost-Europa (7,1%), West-Europa (3,8%), Noord-Europa (3,3%) en Zuid-Europa (2,1%).

Leiders. De waarde van de export in Europa in de jaren 2000 bestond uit: Duitsland (18,7%), Verenigd Koninkrijk (10,6%), Frankrijk (10,2%), Italië (7,9%), Nederland (7,7%), en andere (44,9%). Het aandeel van de export in BBP van de leiders: Nederland (65,1%), Duitsland (37,8%), Frankrijk (27,2%), Verenigd Koninkrijk (25,5%) en Italië (25,1%). De waarde van de export per hoofd in Europa onder de leiders: Nederland ($26.500,8), Duitsland ($12.836,9), Verenigd Koninkrijk ($9.780,7), Frankrijk ($9.077,5) en Italië ($7.603,7). De groei van de export onder de leiders: Duitsland (5,0%), Nederland (3,4%), Verenigd Koninkrijk (2,8%), Frankrijk (2,3%) en Italië (1,0%).

de jaren 2010

De uitvoer van Europa bedroeg in de jaren 2010 US$9,0 biljoen per jaar. Het aandeel in de wereld was 39,5%.

Het aandeel van de export in het BBP van Europa was 42,8% in de jaren 2010, en was vergelijkbaar met Antigua en Barbuda (42,7%), Nicaragua (42,9%), Servië (43,0%).

De uitvoer per hoofd in Europa was $12.067,8 in de jaren 2010s, en was vergelijkbaar met Frankrijk (US$12,1 duizend), Hongarije (US$12,2 duizend), de Seychellen (US$12,2 duizend). De uitvoer per hoofd in Europa was in 3,9 keer hoger dan de export per hoofd van de bevolking in de wereld ($3.098,9).

De groei van de export in Europa bedroeg 4.4% in de jaren 2010, en was vergelijkbaar met de Wereld (4,4%), de Turks- en Caicoseilanden (4,4%), Griekenland (4,4%). De groei van de export in Europa (4,4%) was groter dan de groei van de export in de wereld (4,4%).

Vergelijking met regio's. De uitvoer van Europa was 3,7% groter dan in Azië (US$8,7 biljoen), 2,2 keer groter dan in Amerika (US$4,1 biljoen), 14,4 keer groter dan in Afrika (US$624,2 miljard) en 23,8 keer groter dan in Oceanië (US$376,8 miljard). De waarde van de export per hoofd in Europa was 25,7% groter dan in Oceanië (US$9,6 duizend), 2,9 keer groter dan in Amerika (US$4,2 duizend), 6,1 keer groter dan in Azië (US$1.964,3) en 22,6 keer groter dan in Afrika (US$534,3). De groei van de export in Europa was groter dan in Oceanië (3,9%), in Amerika (3,6%) en in Afrika (-1,2%); maar minder dan in Azië (5,3%).

Subregio's. De waarde van de export in Europa in de jaren 2010 bestond uit: West-Europa (49,0%), Noord-Europa (21,4%), Oost-Europa (14,9%) en Zuid-Europa (14,7%). Het aandeel van de export in het BBP van subregio's: West-Europa (49,4%), Oost-Europa (41,6%), Noord-Europa (40,4%) en Zuid-Europa (32,3%). De uitvoer per hoofd van de bevolking in subregio's: West-Europa ($22.680,9), Noord-Europa ($18.706,6), Zuid-Europa ($8.627,3) en Oost-Europa ($4.543,9). De groei van de export in subregio's: Oost-Europa (4,8%), Noord-Europa (4,4%), Zuid-Europa (4,4%) en West-Europa (4,3%).

Leiders. De uitvoer van Europa in de jaren 2010 bestond uit: Duitsland (18,7%), Verenigd Koninkrijk (9,1%), Frankrijk (8,9%), Nederland (7,6%), Italië (6,6%), en andere (49,0%). Het aandeel van de export in BBP van de leiders: Nederland (79,9%), Duitsland (46,0%), Frankrijk (29,9%), Verenigd Koninkrijk (29,5%) en Italië (29,0%). De uitvoer per hoofd in Europa onder de leiders: Nederland ($40.461,9), Duitsland ($20.563,4), Verenigd Koninkrijk ($12.425,4), Frankrijk ($12.092,3) en Italië ($9.910,7). De groei van de export onder de leiders: Nederland (4,8%), Duitsland (4,7%), Frankrijk (4,0%), Italië (3,6%) en Verenigd Koninkrijk (3,1%).

Hoofdstuk XI. Invoer

Invoer van goederen en diensten

De waarde van de invoer in Europa steeg van US$487,7 miljard per jaar in de jaren 1970 tot US$8,3 biljoen per jaar in de jaren 2010, dat wil zeggen met US$7,8 biljoen of 17,0 keer. De verandering vond plaats op US$5,2 biljoen als gevolg van een 2,7-voudige stijging van de prijzen, en ook op US$2,6 biljoen als gevolg van een 6,1-voudige toename van het tarief per hoofd , evenals op US$12,5 miljard als gevolg van de toename van de bevolking. De gemiddelde jaarlijkse groei van de invoer is 4,7%. De minimumwaarde van de invoer bedroeg US$196,4 miljard in 1970. De maximumwaarde van de invoer bedroeg US$9,2 biljoen in 2018.

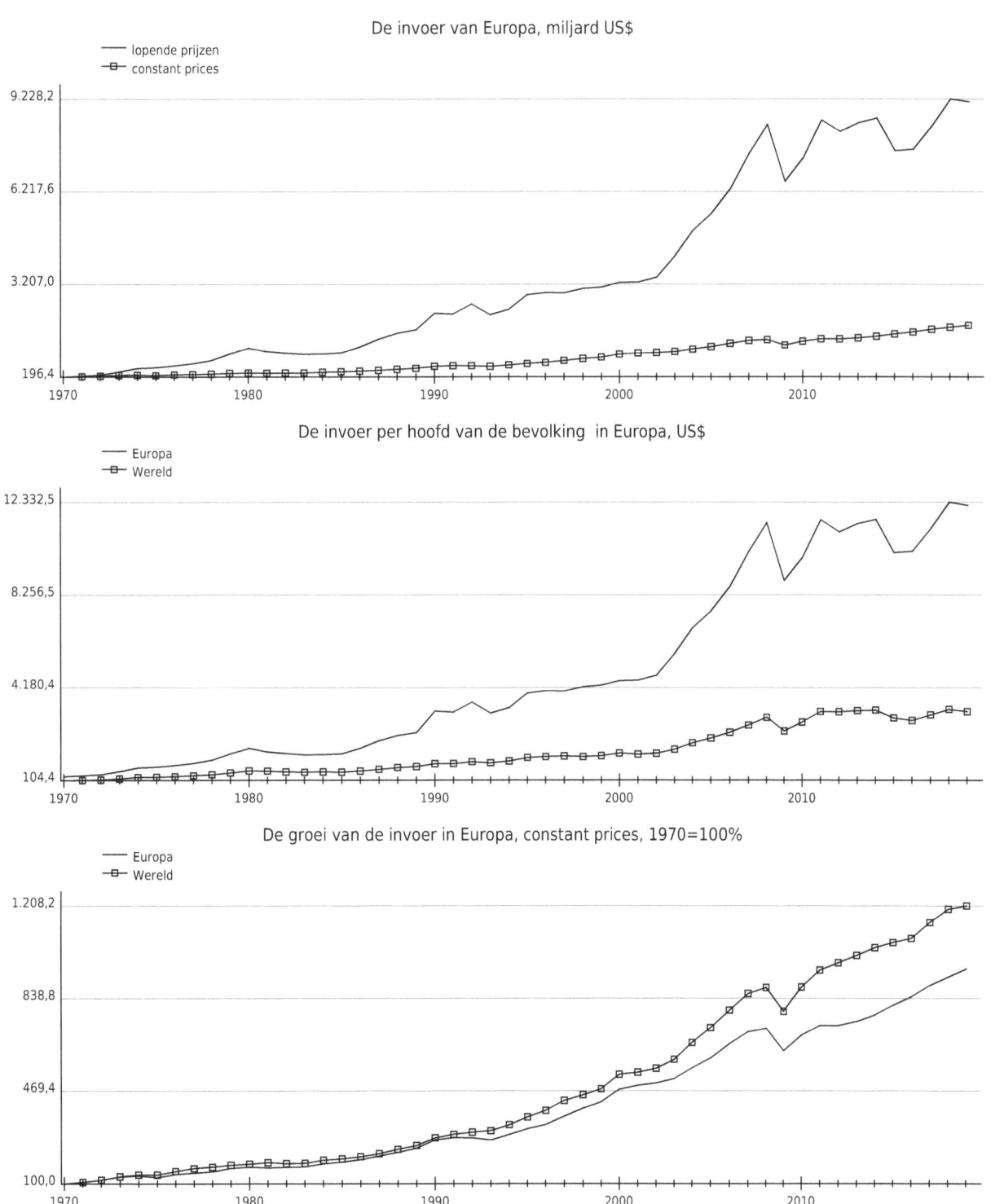

De invoer van Europa, miljard US$

— lopende prijzen
—□— constant prices

De invoer per hoofd van de bevolking in Europa, US$

— Europa
—□— Wereld

De groei van de invoer in Europa, constant prices, 1970=100%

— Europa
—□— Wereld

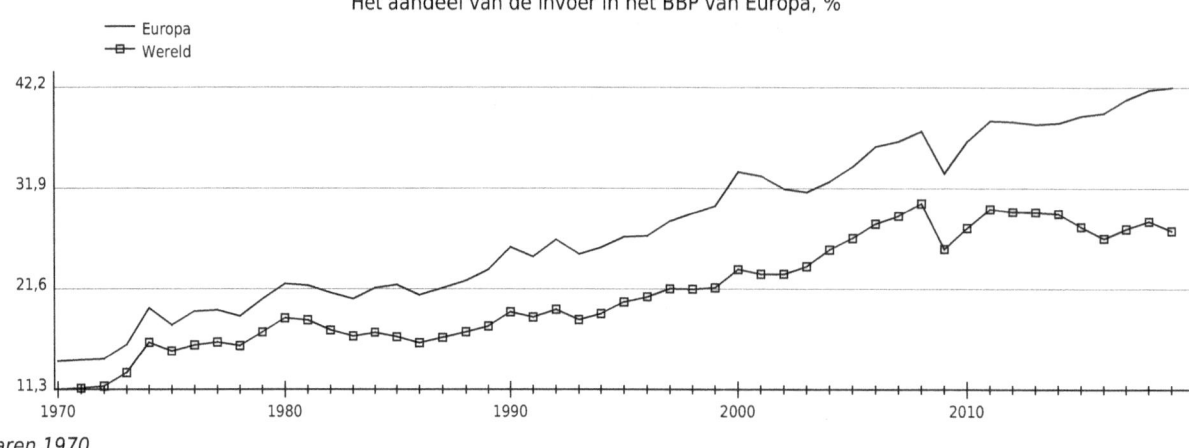

Het aandeel van de invoer in het BBP van Europa, %

de jaren 1970

De invoer van Europa bedroeg in de jaren 1970 US$487,7 miljard per jaar. Het aandeel in de wereld was 49,4%.

Het aandeel van de invoer in het BBP van Europa was 18,2% in de jaren 1970, en was vergelijkbaar met Mozambique (18,2%), Burundi (18,0%), Madagaskar (18,4%).

De waarde van de invoer per hoofd in Europa was $672,3 in de jaren 1970s, en was vergelijkbaar met Namibië (US$678,0), Palau (US$663,4). De waarde van de invoer per hoofd in Europa was in 2,8 keer hoger dan de invoer per hoofd van de bevolking in de wereld ($244,3).

De groei van de invoer in Europa bedroeg 5.4% in de jaren 1970, en was vergelijkbaar met Cuba (5,4%), Amerika (5,4%). De groei van de invoer in Europa (5,4%) was minder dan de groei van de invoer in de wereld (6,3%).

Vergelijking met regio's. De waarde van de invoer in Europa was groter dan in Amerika (US$236,1 miljard), in Azië (US$184,9 miljard), in Afrika (US$58,5 miljard) en in Oceanië (US$19,5 miljard). De waarde van de invoer per hoofd in Europa was groter dan in Amerika (US$421,7), in Afrika (US$142,6) en in Azië (US$79,6); maar minder dan in Oceanië (US$913,9). De groei van de invoer in Europa was groter dan in Oceanië (2,8%); maar minder dan in Azië (9,6%), in Afrika (6,7%) en in Amerika (5,4%).

Subregio's. De waarde van de invoer in Europa in de jaren 1970 bestond uit: West-Europa (54,8%), Noord-Europa (24,1%), Zuid-Europa (16,1%) en Oost-Europa (5,0%). Het aandeel van de invoer in het BBP van subregio's: Noord-Europa (28,2%), West-Europa (24,7%), Zuid-Europa (19,3%) en Oost-Europa (3,1%). De invoer per hoofd van de bevolking in subregio's: West-Europa ($1.571,7), Noord-Europa ($1.448,4), Zuid-Europa ($593,0) en Oost-Europa ($70,9). De groei van de invoer in subregio's: Oost-Europa (7,4%), West-Europa (5,7%), Zuid-Europa (5,6%) en Noord-Europa (4,1%).

Leiders. De waarde van de invoer in Europa in de jaren 1970 bestond uit: Duitsland (19,0%), Frankrijk (13,0%), Verenigd Koninkrijk (12,8%), Nederland (8,7%), Italië (8,7%), en andere (37,9%). Het aandeel van de invoer in BBP van de leiders: Nederland (43,6%), Verenigd Koninkrijk (26,4%), Italië (19,4%), Duitsland (19,1%) en Frankrijk (19,0%). De invoer per hoofd in Europa onder de leiders: Nederland ($3.113,4), Frankrijk ($1.181,1), Duitsland ($1.175,1), Verenigd Koninkrijk ($1.113,2) en Italië ($767,8). De groei van de invoer onder de leiders: Frankrijk (7,2%), Duitsland (5,6%), Nederland (4,7%), Italië (4,6%) en Verenigd Koninkrijk (4,5%).

de jaren 1980

De waarde van de invoer in Europa bedroeg in de jaren 1980 US$1,2 biljoen per jaar. Het aandeel in de wereld was 45,7%.

Het aandeel van de invoer in het BBP van Europa was 21,9% in de jaren 1980.

De waarde van de invoer per hoofd in Europa was $1.550,8 in de jaren 1980s, en was vergelijkbaar met Saint Lucia (US$1.523,1). De invoer per hoofd in Europa was in 2,9 keer hoger dan de invoer per hoofd van de bevolking in de wereld ($539,1).

De groei van de invoer in Europa bedroeg 4.1% in de jaren 1980, en was vergelijkbaar met Brunei (4,1%), Sao Tomé en Principe (4,1%). De groei van de invoer in Europa (4,1%) was groter dan de groei van de invoer in de wereld (3,8%).

Vergelijking met regio's. De invoer van Europa was groter dan in Amerika (US$652,3 miljard), in Azië (US$601,2 miljard), in Afrika (US$112,7 miljard) en in Oceanië (US$49,3 miljard). De waarde van de invoer per hoofd in Europa was groter dan in Amerika (US$984,9), in Azië (US$211,9) en in Afrika (US$208,0); maar minder dan in Oceanië (US$1.987,8). De groei van de invoer in Europa was groter dan in Amerika (3,8%) en in Afrika (-3,1%); maar minder dan in Oceanië (5,7%) en in Azië (4,9%).

Subregio's. De waarde van de invoer in Europa in de jaren 1980 bestond uit: West-Europa (54,7%), Noord-Europa (24,1%), Zuid-Europa (17,9%) en Oost-Europa (3,3%). Het aandeel van de invoer in het BBP van subregio's: West-Europa (28,6%), Noord-Europa (27,9%), Zuid-Europa (21,0%) en Oost-Europa (3,5%). De invoer per hoofd van de bevolking in subregio's: West-Europa ($3.754,8), Noord-Europa ($3.472,4), Zuid-Europa ($1.509,3) en Oost-Europa ($104,6). De groei van de invoer in subregio's: Zuid-Europa (5,3%), Noord-Europa (4,4%), West-Europa (3,8%) en Oost-Europa (2,1%).

Leiders. De invoer van Europa in de jaren 1980 bestond uit: Duitsland (19,0%), Frankrijk (13,6%), Verenigd Koninkrijk (13,2%), Italië (9,8%), Nederland (8,0%), en andere (36,4%). Het aandeel van de invoer in BBP van de leiders: Nederland (49,5%), Verenigd Koninkrijk (25,3%), Duitsland (22,8%), Frankrijk (22,2%) en Italië (19,7%). De waarde van de invoer per hoofd in Europa onder de leiders: Nederland ($6.571,1), Duitsland ($2.891,9), Frankrijk ($2.867,2), Verenigd Koninkrijk ($2.793,0) en Italië ($2.054,5). De groei van de invoer onder de leiders: Verenigd Koninkrijk (5,1%), Italië (4,9%), Frankrijk (4,3%), Nederland (3,4%) en Duitsland (3,3%).

de jaren 1990

De invoer van Europa bedroeg in de jaren 1990 US$2,7 biljoen per jaar. Het aandeel in de wereld was 45,9%.

Het aandeel van de invoer in het BBP van Europa was 27,1% in de jaren 1990, en was vergelijkbaar met Finland (27,2%), de Centraal-Afrikaanse Republiek (27,2%), Noord-Afrika (27,0%).

De waarde van de invoer per hoofd in Europa was $3.655,2 in de jaren 1990s, en was vergelijkbaar met Noord-Amerika (US$3,7 duizend), Portugal (US$3,6 duizend), Palau (US$3,7 duizend). De waarde van de invoer per hoofd in Europa was in 3,6 keer hoger dan de invoer per hoofd van de bevolking in de wereld ($1.015,5).

De groei van de invoer in Europa bedroeg 5.9% in de jaren 1990. De groei van de invoer in Europa (5,9%) was minder dan de groei van de invoer in de wereld (6,6%).

Vergelijking met regio's. De waarde van de invoer in Europa was groter dan in Azië (US$1,5 biljoen), in Amerika (US$1,4 biljoen), in Afrika (US$149,7 miljard) en in Oceanië (US$93,8 miljard). De invoer per hoofd in Europa was groter dan in Oceanië (US$3,2 duizend), in Amerika (US$1.812,7), in Azië (US$430,1) en in Afrika (US$211,4). De groei van de invoer in Europa was groter dan in Afrika (3,8%); maar minder dan in Amerika (8,2%), in Azië (6,8%) en in Oceanië (6,2%).

Subregio's. De waarde van de invoer in Europa in de jaren 1990 bestond uit: West-Europa (51,2%), Noord-Europa (22,4%), Zuid-Europa (17,7%) en Oost-Europa (8,8%). Het aandeel van de invoer in het BBP van subregio's: Oost-Europa (29,6%), West-Europa (28,5%), Noord-Europa (28,1%) en Zuid-Europa (22,2%). De invoer per hoofd van de bevolking in subregio's: West-Europa ($7.514,0), Noord-Europa ($6.408,6), Zuid-Europa ($3.257,9) en Oost-Europa ($752,7). De groei van de invoer in subregio's: Oost-Europa (10,5%), Noord-Europa (5,6%), Zuid-Europa (5,5%) en West-Europa (5,5%).

Leiders. De invoer van Europa in de jaren 1990 bestond uit: Duitsland (18,9%), Verenigd Koninkrijk (12,4%), Frankrijk (11,6%), Italië (8,8%), Nederland (7,6%), en andere (40,7%). Het aandeel van de invoer in BBP van de leiders: Nederland (50,9%), Verenigd Koninkrijk (24,9%), Duitsland (23,0%), Frankrijk (21,6%) en Italië (19,3%). De waarde van de invoer per hoofd in Europa onder de leiders: Nederland ($13.020,9), Duitsland ($6.220,3), Verenigd Koninkrijk ($5.705,3), Frankrijk ($5.194,4) en Italië ($4.097,9). De groei van de invoer onder de leiders: Nederland (6,7%), Duitsland (6,4%), Frankrijk (5,1%), Verenigd Koninkrijk (5,1%) en Italië (4,5%).

de jaren 2000

De waarde van de invoer in Europa bedroeg in de jaren 2000 US$5,3 biljoen per jaar. Het aandeel in de wereld was 43,1%.

Het aandeel van de invoer in het BBP van Europa was 34,5% in de jaren 2000, en was vergelijkbaar met Zuidwest-Azië (34,6%), Sri Lanka (34,3%), Syrië (34,3%).

De invoer per hoofd in Europa was $7.287,7 in de jaren 2000s, en was vergelijkbaar met Spanje (US$7,3 duizend), Brunei (US$7,4 duizend), Palau (US$7,4 duizend). De waarde van de invoer per hoofd in Europa was in 3,8 keer hoger dan de invoer per hoofd van de bevolking in de wereld ($1.899,9).

De groei van de invoer in Europa bedroeg 4% in de jaren 2000, en was vergelijkbaar met Benin (4,0%), Sri Lanka (4,0%), Bolivia (4,0%). De groei van de invoer in Europa (4,0%) was minder dan de groei van de invoer in de wereld (5,1%).

Vergelijking met regio's. De invoer van Europa was groter dan in Azië (US$3,6 biljoen), in Amerika (US$2,9 biljoen), in Afrika

(US$334,8 miljard) en in Oceanië (US$194,7 miljard). De waarde van de invoer per hoofd in Europa was groter dan in Oceanië (US$5,8 duizend), in Amerika (US$3,4 duizend), in Azië (US$898,2) en in Afrika (US$369,3). De groei van de invoer in Europa was groter dan in Amerika (3,5%); maar minder dan in Azië (7,8%), in Afrika (7,6%) en in Oceanië (6,6%).

Subregio's. De invoer van Europa in de jaren 2000 bestond uit: West-Europa (47,0%), Noord-Europa (23,1%), Zuid-Europa (18,6%) en Oost-Europa (11,3%). Het aandeel van de invoer in het BBP van subregio's: West-Europa (37,7%), Oost-Europa (36,4%), Noord-Europa (33,2%) en Zuid-Europa (28,9%). De invoer per hoofd van de bevolking in subregio's: West-Europa ($13.389,0), Noord-Europa ($12.787,5), Zuid-Europa ($6.650,0) en Oost-Europa ($2.010,5). De groei van de invoer in subregio's: Oost-Europa (9,5%), Noord-Europa (3,8%), West-Europa (3,5%) en Zuid-Europa (2,6%).

Leiders. De waarde van de invoer in Europa in de jaren 2000 bestond uit: Duitsland (17,2%), Verenigd Koninkrijk (12,0%), Frankrijk (10,6%), Italië (8,3%), Nederland (7,2%), en andere (44,7%). Het aandeel van de invoer in BBP van de leiders: Nederland (57,5%), Duitsland (33,1%), Verenigd Koninkrijk (27,7%), Frankrijk (27,0%) en Italië (25,1%). De invoer per hoofd in Europa onder de leiders: Nederland ($23.404,5), Duitsland ($11.237,8), Verenigd Koninkrijk ($10.620,4), Frankrijk ($9.014,6) en Italië ($7.613,1). De groei van de invoer onder de leiders: Duitsland (3,7%), Frankrijk (3,5%), Nederland (3,3%), Verenigd Koninkrijk (3,1%) en Italië (1,7%).

de jaren 2010

De waarde van de invoer in Europa bedroeg in de jaren 2010 US$8,3 biljoen per jaar. Het aandeel in de wereld was 37,5%.

Het aandeel van de invoer in het BBP van Europa was 39,6% in de jaren 2010, en was vergelijkbaar met Duitsland (39,7%).

De waarde van de invoer per hoofd in Europa was $11.149,4 in de jaren 2010s, en was vergelijkbaar met Nieuw-Zeeland (US$11,2 duizend), Litouwen (US$11,3 duizend), Hongarije (US$11,3 duizend). De invoer per hoofd in Europa was in 3,7 keer hoger dan de invoer per hoofd van de bevolking in de wereld ($3.015,6).

De groei van de invoer in Europa bedroeg 4.3% in de jaren 2010, en was vergelijkbaar met de Comoren (4,3%), Noord-Amerika (4,3%), West-Europa (4,3%). De groei van de invoer in Europa (4,3%) was minder dan de groei van de invoer in de wereld (4,4%).

Vergelijking met regio's. De invoer van Europa was 3,7% groter dan in Azië (US$8,0 biljoen), 74,3% groter dan in Amerika (US$4,8 biljoen), 12,0 keer groter dan in Afrika (US$691,8 miljard) en 22,1 keer groter dan in Oceanië (US$375,7 miljard). De invoer per hoofd in Europa was 16,5% groter dan in Oceanië (US$9,6 duizend), 2,3 keer groter dan in Amerika (US$4,9 duizend), 6,1 keer groter dan in Azië (US$1.813,7) en 18,8 keer groter dan in Afrika (US$592,1). De groei van de invoer in Europa was groter dan in Amerika (3,3%) en in Afrika (2,0%); maar minder dan in Oceanië (5,7%) en in Azië (5,4%).

Subregio's. De invoer van Europa in de jaren 2010 bestond uit: West-Europa (48,2%), Noord-Europa (22,0%), Zuid-Europa (15,3%) en Oost-Europa (14,5%). Het aandeel van de invoer in het BBP van subregio's: West-Europa (44,9%), Noord-Europa (38,4%), Oost-Europa (37,3%) en Zuid-Europa (31,1%). De invoer per hoofd van de bevolking in subregio's: West-Europa ($20.616,1), Noord-Europa ($17.765,1), Zuid-Europa ($8.315,8) en Oost-Europa ($4.073,3). De groei van de invoer in subregio's: Oost-Europa (5,2%), Noord-Europa (4,9%), West-Europa (4,3%) en Zuid-Europa (2,6%).

Leiders. De invoer van Europa in de jaren 2010 bestond uit: Duitsland (17,5%), Verenigd Koninkrijk (10,3%), Frankrijk (10,0%), Nederland (7,2%), Italië (6,8%), en andere (48,1%). Het aandeel van de invoer in BBP van de leiders: Nederland (70,2%), Duitsland (39,7%), Frankrijk (31,0%), Verenigd Koninkrijk (30,9%) en Italië (27,3%). De waarde van de invoer per hoofd in Europa onder de leiders: Nederland ($35.529,2), Duitsland ($17.771,2), Verenigd Koninkrijk ($13.030,6), Frankrijk ($12.542,2) en Italië ($9.330,6). De groei van de invoer onder de leiders: Duitsland (4,8%), Nederland (4,6%), Frankrijk (4,1%), Verenigd Koninkrijk (3,6%) en Italië (2,3%).

Part IV. Verbruik

Hoofdstuk XII. Overheidsuitgaven

Consumptie-uitgaven van de overheid

De overheidsuitgaven van Europa steeg van US$492,5 miljard per jaar in de jaren 1970 tot US$4,2 biljoen per jaar in de jaren 2010, dat wil zeggen met US$3,8 biljoen of 8,6 keer. De verandering vond plaats op US$3,2 biljoen als gevolg van een 3,9-voudige stijging van de prijzen, en ook op US$576,9 miljard als gevolg van een 2,1-voudige toename van het tarief per hoofd , evenals op US$12,6 miljard als gevolg van de toename van de bevolking. De gemiddelde jaarlijkse groei van de overheidsuitgaven is 2,2%. De minimumwaarde van de overheidsuitgaven bedroeg US$221,1 miljard in 1970. De maximumwaarde van de overheidsuitgaven bedroeg US$4,6 biljoen in 2014.

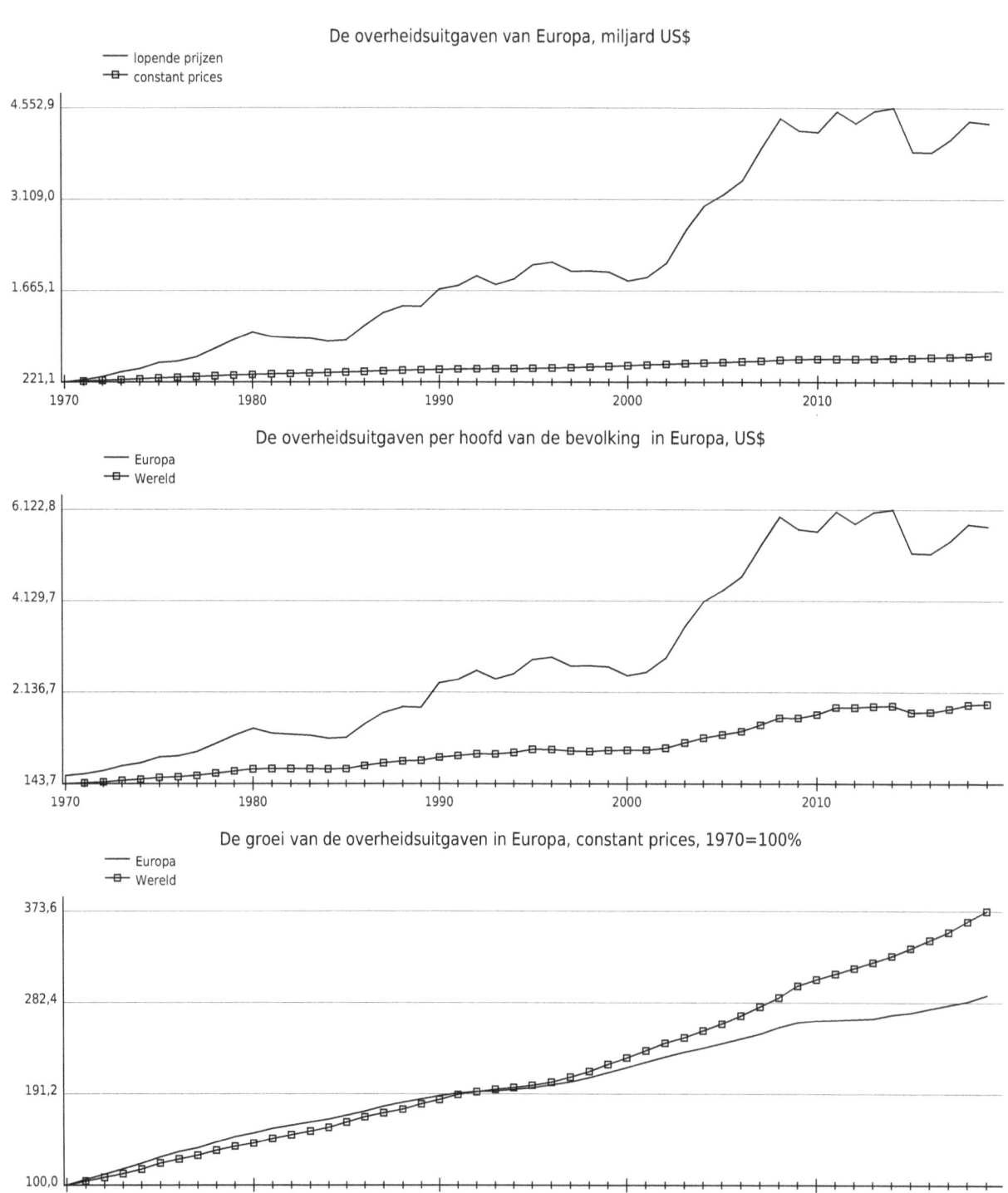

De overheidsuitgaven van Europa, miljard US$

De overheidsuitgaven per hoofd van de bevolking in Europa, US$

De groei van de overheidsuitgaven in Europa, constant prices, 1970=100%

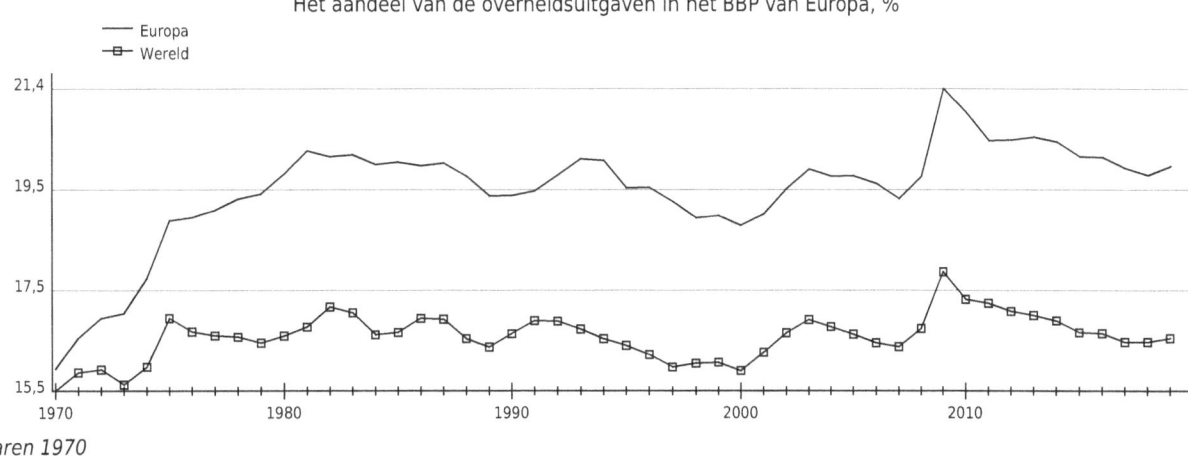

Het aandeel van de overheidsuitgaven in het BBP van Europa, %

de jaren 1970

De overheidsuitgaven van Europa bedroeg in de jaren 1970 US$492,5 miljard per jaar. Het aandeel in de wereld was 46,0%.

Het aandeel van de overheidsuitgaven in het BBP van Europa was 18,4% in de jaren 1970, en was vergelijkbaar met Noorwegen (18,4%), Swaziland (18,4%), Somalië (18,4%).

De overheidsuitgaven per hoofd in Europa was $678,9 in de jaren 1970s, en was vergelijkbaar met de Bahama's (US$683,5). De overheidsuitgaven per hoofd in Europa was in 2,6 keer hoger dan de overheidsuitgaven per hoofd van de bevolking in de wereld ($265,2).

De groei van de overheidsuitgaven in Europa bedroeg 4.5% in de jaren 1970, en was vergelijkbaar met India (4,5%), Egypte (4,5%). De groei van de overheidsuitgaven in Europa (4,5%) was groter dan de groei van de overheidsuitgaven in de wereld (3,7%).

Vergelijking met regio's. De overheidsuitgaven van Europa was groter dan in Amerika (US$366,9 miljard), in Azië (US$160,1 miljard), in Afrika (US$31,6 miljard) en in Oceanië (US$19,6 miljard). De overheidsuitgaven per hoofd in Europa was groter dan in Amerika (US$655,5), in Afrika (US$77,1) en in Azië (US$68,9); maar minder dan in Oceanië (US$920,9). De groei van de overheidsuitgaven in Europa was groter dan in Oceanië (3,9%) en in Amerika (2,1%); maar minder dan in Azië (6,9%) en in Afrika (4,9%).

Subregio's. De overheidsuitgaven van Europa in de jaren 1970 bestond uit: West-Europa (42,0%), Oost-Europa (28,3%), Noord-Europa (17,6%) en Zuid-Europa (12,1%). Het aandeel van de overheidsuitgaven in het BBP van subregio's: Noord-Europa (20,8%), West-Europa (19,1%), Oost-Europa (18,0%) en Zuid-Europa (14,6%). De overheidsuitgaven per hoofd van de bevolking in subregio's: West-Europa ($1.218,4), Noord-Europa ($1.066,0), Zuid-Europa ($448,1) en Oost-Europa ($408,0). De groei van de overheidsuitgaven in subregio's: Oost-Europa (7,2%), Zuid-Europa (4,7%), West-Europa (4,4%) en Noord-Europa (3,1%).

Leiders. De overheidsuitgaven van Europa in de jaren 1970 bestond uit: Sovjet-Unie (23,8%), Duitsland (19,4%), Frankrijk (13,1%), Verenigd Koninkrijk (9,6%), Italië (7,1%), en andere (27,0%). Het aandeel van de overheidsuitgaven in BBP van de leiders: Verenigd Koninkrijk (20,1%), Duitsland (19,7%), Frankrijk (19,3%), Sovjet-Unie (18,1%) en Italië (16,0%). De overheidsuitgaven per hoofd in Europa onder de leiders: Duitsland ($1.213,7), Frankrijk ($1.202,3), Verenigd Koninkrijk ($847,9), Italië ($634,2) en Sovjet-Unie ($465,0). De groei van de overheidsuitgaven onder de leiders: Sovjet-Unie (7,2%), Frankrijk (5,0%), Duitsland (4,4%), Italië (3,8%) en Verenigd Koninkrijk (2,5%).

de jaren 1980

De overheidsuitgaven van Europa bedroeg in de jaren 1980 US$1,1 biljoen per jaar. Het aandeel in de wereld was 42,6%.

Het aandeel van de overheidsuitgaven in het BBP van Europa was 19,9% in de jaren 1980, en was vergelijkbaar met Oost-Europa (19,9%), Oost-Afrika (19,9%), Mongolië (19,8%).

De overheidsuitgaven per hoofd in Europa was $1.404,9 in de jaren 1980s. De overheidsuitgaven per hoofd in Europa was in 2,7 keer hoger dan de overheidsuitgaven per hoofd van de bevolking in de wereld ($523,5).

De groei van de overheidsuitgaven in Europa bedroeg 2.3% in de jaren 1980, en was vergelijkbaar met Angola (2,3%). De groei van de overheidsuitgaven in Europa (2,3%) was minder dan de groei van de overheidsuitgaven in de wereld (2,7%).

Vergelijking met regio's. De overheidsuitgaven van Europa was groter dan in Amerika (US$852,4 miljard), in Azië (US$482,6 miljard), in Afrika (US$69,5 miljard) en in Oceanië (US$47,4 miljard). De overheidsuitgaven per hoofd in Europa was groter dan in Amerika (US$1.287,2), in Azië (US$170,1) en in Afrika (US$128,3); maar minder dan in Oceanië (US$1.914,7). De groei van de overheidsuitgaven in Europa was groter dan in Afrika (1,8%); maar minder dan in Azië (4,2%), in Oceanië (3,4%) en in Amerika (2,5%).

Subregio's. De overheidsuitgaven van Europa in de jaren 1980 bestond uit: West-Europa (43,3%), Oost-Europa (20,3%), Noord-Europa (20,3%) en Zuid-Europa (16,1%). Het aandeel van de overheidsuitgaven in het BBP van subregio's: Noord-Europa (21,2%), West-Europa (20,6%), Oost-Europa (19,9%) en Zuid-Europa (17,0%). De overheidsuitgaven per hoofd van de bevolking in subregio's: West-Europa ($2.695,3), Noord-Europa ($2.639,8), Zuid-Europa ($1.225,1) en Oost-Europa ($592,9). De groei van de overheidsuitgaven in subregio's: Oost-Europa (4,0%), Zuid-Europa (3,0%), West-Europa (1,9%) en Noord-Europa (1,2%).

Leiders. De overheidsuitgaven van Europa in de jaren 1980 bestond uit: Duitsland (18,9%), Sovjet-Unie (16,8%), Frankrijk (14,8%), Verenigd Koninkrijk (11,7%), Italië (10,1%), en andere (27,7%). Het aandeel van de overheidsuitgaven in BBP van de leiders: Frankrijk (21,9%), Duitsland (20,6%), Sovjet-Unie (20,4%), Verenigd Koninkrijk (20,2%) en Italië (18,3%). De overheidsuitgaven per hoofd in Europa onder de leiders: Frankrijk ($2.826,9), Duitsland ($2.611,1), Verenigd Koninkrijk ($2.236,6), Italië ($1.914,6) en Sovjet-Unie ($658,0). De groei van de overheidsuitgaven onder de leiders: Sovjet-Unie (5,4%), Italië (2,9%), Frankrijk (2,8%), Duitsland (0,98%) en Verenigd Koninkrijk (0,76%).

de jaren 1990

De overheidsuitgaven van Europa bedroeg in de jaren 1990 US$1,9 biljoen per jaar. Het aandeel in de wereld was 40,5%.

Het aandeel van de overheidsuitgaven in het BBP van Europa was 19,5% in de jaren 1990, en was vergelijkbaar met Rwanda (19,5%), Estland (19,4%), Polen (19,5%).

De overheidsuitgaven per hoofd in Europa was $2.620,7 in de jaren 1990s, en was vergelijkbaar met Nieuw-Zeeland (US$2,6 duizend), Zuid-Europa (US$2,7 duizend), Spanje (US$2,6 duizend). De overheidsuitgaven per hoofd in Europa was in 3,2 keer hoger dan de overheidsuitgaven per hoofd van de bevolking in de wereld ($824,8).

De groei van de overheidsuitgaven in Europa bedroeg 1.3% in de jaren 1990. De groei van de overheidsuitgaven in Europa (1,3%) was minder dan de groei van de overheidsuitgaven in de wereld (2,0%).

Vergelijking met regio's. De overheidsuitgaven van Europa was groter dan in Amerika (US$1,5 biljoen), in Azië (US$1,1 biljoen), in Afrika (US$89,3 miljard) en in Oceanië (US$81,4 miljard). De overheidsuitgaven per hoofd in Europa was groter dan in Amerika (US$1.972,7), in Azië (US$318,7) en in Afrika (US$126,1); maar minder dan in Oceanië (US$2,8 duizend). De groei van de overheidsuitgaven in Europa was groter dan in Amerika (1,1%); maar minder dan in Azië (5,0%), in Oceanië (2,8%) en in Afrika (1,6%).

Subregio's. De overheidsuitgaven van Europa in de jaren 1990 bestond uit: West-Europa (50,4%), Noord-Europa (21,9%), Zuid-Europa (20,1%) en Oost-Europa (7,6%). Het aandeel van de overheidsuitgaven in het BBP van subregio's: West-Europa (20,1%), Noord-Europa (19,7%), Oost-Europa (18,5%) en Zuid-Europa (18,1%). De overheidsuitgaven per hoofd van de bevolking in subregio's: West-Europa ($5.309,7), Noord-Europa ($4.484,0), Zuid-Europa ($2.653,9) en Oost-Europa ($470,2). De groei van de overheidsuitgaven in subregio's: Noord-Europa (2,3%), West-Europa (2,1%), Zuid-Europa (1,1%) en Oost-Europa (-2,0%).

Leiders. De overheidsuitgaven van Europa in de jaren 1990 bestond uit: Duitsland (22,0%), Frankrijk (17,1%), Verenigd Koninkrijk (12,3%), Italië (11,8%), Spanje (5,4%), en andere (31,4%). Het aandeel van de overheidsuitgaven in BBP van de leiders: Frankrijk (22,7%), Duitsland (19,3%), Italië (18,5%), Verenigd Koninkrijk (17,7%) en Spanje (17,3%). De overheidsuitgaven per hoofd in Europa onder de leiders: Frankrijk ($5.479,6), Duitsland ($5.203,8), Verenigd Koninkrijk ($4.053,6), Italië ($3.939,3) en Spanje ($2.565,3). De groei van de overheidsuitgaven onder de leiders: Spanje (3,2%), Duitsland (2,4%), Verenigd Koninkrijk (2,1%), Frankrijk (1,8%) en Italië (0,20%).

de jaren 2000

De overheidsuitgaven van Europa bedroeg in de jaren 2000 US$3,0 biljoen per jaar. Het aandeel in de wereld was 39,0%.

Het aandeel van de overheidsuitgaven in het BBP van Europa was 19,8% in de jaren 2000, en was vergelijkbaar met Canada (19,7%), Noorwegen (19,9%).

De overheidsuitgaven per hoofd in Europa was $4.171,1 in de jaren 2000s, en was vergelijkbaar met Cyprus (US$4,1 duizend). De overheidsuitgaven per hoofd in Europa was in 3,5 keer hoger dan de overheidsuitgaven per hoofd van de bevolking in de wereld ($1.200,9).

De groei van de overheidsuitgaven in Europa bedroeg 2.1% in de jaren 2000, en was vergelijkbaar met Mauritanië (2,1%), Tuvalu (2,1%), Portugal (2,1%). De groei van de overheidsuitgaven in Europa (2,1%) was minder dan de groei van de overheidsuitgaven in de wereld (3,1%).

Vergelijking met regio's. De overheidsuitgaven van Europa was groter dan in Amerika (US$2,6 biljoen), in Azië (US$1,9 biljoen), in Afrika (US$149,4 miljard) en in Oceanië (US$148,1 miljard). De overheidsuitgaven per hoofd in Europa was groter dan in Amerika (US$2,9 duizend), in Azië (US$477,4) en in Afrika (US$164,8); maar minder dan in Oceanië (US$4,4 duizend). De groei van de overheidsuitgaven in Europa was minder dan in Azië (5,3%), in Afrika (5,0%), in Oceanië (3,1%) en in Amerika (2,4%).

Subregio's. De overheidsuitgaven van Europa in de jaren 2000 bestond uit: West-Europa (44,2%), Noord-Europa (24,8%), Zuid-Europa (21,3%) en Oost-Europa (9,7%). Het aandeel van de overheidsuitgaven in het BBP van subregio's: Noord-Europa (20,5%), West-Europa (20,2%), Zuid-Europa (18,9%) en Oost-Europa (18,0%). De overheidsuitgaven per hoofd van de bevolking in subregio's: Noord-Europa ($7.875,3), West-Europa ($7.193,0), Zuid-Europa ($4.353,2) en Oost-Europa ($993,3). De groei van de overheidsuitgaven in subregio's: Zuid-Europa (2,7%), Noord-Europa (2,5%), Oost-Europa (2,0%) en West-Europa (1,8%).

Leiders. De overheidsuitgaven van Europa in de jaren 2000 bestond uit: Duitsland (17,1%), Frankrijk (15,7%), Verenigd Koninkrijk (14,9%), Italië (11,1%), Spanje (6,4%), en andere (34,8%). Het aandeel van de overheidsuitgaven in BBP van de leiders: Frankrijk (22,9%), Verenigd Koninkrijk (19,5%), Italië (19,3%), Duitsland (18,8%) en Spanje (17,9%). De overheidsuitgaven per hoofd in Europa onder de leiders: Frankrijk ($7.640,9), Verenigd Koninkrijk ($7.501,5), Duitsland ($6.389,7), Italië ($5.836,2) en Spanje ($4.458,6). De groei van de overheidsuitgaven onder de leiders: Spanje (5,0%), Verenigd Koninkrijk (2,9%), Frankrijk (1,7%), Italië (1,4%) en Duitsland (1,4%).

de jaren 2010

De overheidsuitgaven van Europa bedroeg in de jaren 2010 US$4,2 biljoen per jaar, en was vergelijkbaar met Azië (US$4,3 biljoen). Het aandeel in de wereld was 32,4%.

Het aandeel van de overheidsuitgaven in het BBP van Europa was 20,2% in de jaren 2010, en was vergelijkbaar met Zimbabwe (20,2%), Kroatië (20,1%), Hongarije (20,1%).

De overheidsuitgaven per hoofd in Europa was $5.705,5 in de jaren 2010s, en was vergelijkbaar met de Cookeilanden (US$5,7 duizend), Spanje (US$5,6 duizend), Singapore (US$5,6 duizend). De overheidsuitgaven per hoofd in Europa was in 3,2 keer hoger dan de overheidsuitgaven per hoofd van de bevolking in de wereld ($1.785,1).

De groei van de overheidsuitgaven in Europa bedroeg 1% in de jaren 2010, en was vergelijkbaar met Zwitserland (0,99%). De groei van de overheidsuitgaven in Europa (0,99%) was minder dan de groei van de overheidsuitgaven in de wereld (2,3%).

Vergelijking met regio's. De overheidsuitgaven van Europa was 8,0% groter dan in Amerika (US$3,9 biljoen), 12,9 keer groter dan in Afrika (US$328,3 miljard) en 13,8 keer groter dan in Oceanië (US$308,7 miljard); maar 0,81% minder dan in Azië (US$4,3 biljoen). De overheidsuitgaven per hoofd in Europa was 41,4% groter dan in Amerika (US$4,0 duizend), 5,9 keer groter dan in Azië (US$970,7) en 20,3 keer groter dan in Afrika (US$281,0); maar 27,4% minder dan in Oceanië (US$7,9 duizend). De groei van de overheidsuitgaven in Europa was groter dan in Amerika (0,45%); maar minder dan in Azië (5,2%), in Oceanië (3,3%) en in Afrika (3,0%).

Subregio's. De overheidsuitgaven van Europa in de jaren 2010 bestond uit: West-Europa (44,1%), Noord-Europa (23,6%), Zuid-Europa (18,7%) en Oost-Europa (13,7%). Het aandeel van de overheidsuitgaven in het BBP van subregio's: Noord-Europa (21,0%), West-Europa (21,0%), Zuid-Europa (19,4%) en Oost-Europa (18,0%). De overheidsuitgaven per hoofd van de bevolking in subregio's: Noord-Europa ($9.722,2), West-Europa ($9.647,4), Zuid-Europa ($5.195,7) en Oost-Europa ($1.969,5). De groei van de overheidsuitgaven in subregio's: West-Europa (1,4%), Noord-Europa (1,2%), Oost-Europa (1,1%) en Zuid-Europa (-0,30%).

Leiders. De overheidsuitgaven van Europa in de jaren 2010 bestond uit: Duitsland (17,0%), Frankrijk (15,0%), Verenigd Koninkrijk (12,9%), Italië (9,4%), Rusland (7,5%), en andere (38,1%). Het aandeel van de overheidsuitgaven in BBP van de leiders: Frankrijk (23,7%), Verenigd Koninkrijk (19,8%), Duitsland (19,7%), Italië (19,4%) en Rusland (18,0%). De overheidsuitgaven per hoofd in Europa onder de leiders: Frankrijk ($9.617,6), Duitsland ($8.815,0), Verenigd Koninkrijk ($8.365,9), Italië ($6.638,5) en Rusland ($2.210,5). De groei van de overheidsuitgaven onder de leiders: Duitsland (1,9%), Frankrijk (1,3%), Verenigd Koninkrijk (1,2%), Rusland (0,51%) en

Italië (-0,49%).

Hoofdstuk XIII. Huishoudelijke uitgaven

Consumptieve bestedingen van de huishoudens

De huishoudelijke uitgaven van Europa steeg van US$1,5 biljoen per jaar in de jaren 1970 tot US$11,6 biljoen per jaar in de jaren 2010, dat wil zeggen met US$10,1 biljoen of 7,8 keer. De verandering vond plaats op US$8,3 biljoen als gevolg van een 3,5-voudige stijging van de prijzen, en ook op US$1,8 biljoen als gevolg van een 2,2-voudige toename van het tarief per hoofd , evenals op US$38,0 miljard als gevolg van de toename van de bevolking. De gemiddelde jaarlijkse groei van de huishoudelijke uitgaven is 2,2%. De minimumwaarde van de huishoudelijke uitgaven bedroeg US$751,6 miljard in 1970. De maximumwaarde van de huishoudelijke uitgaven bedroeg US$12,4 biljoen in 2014.

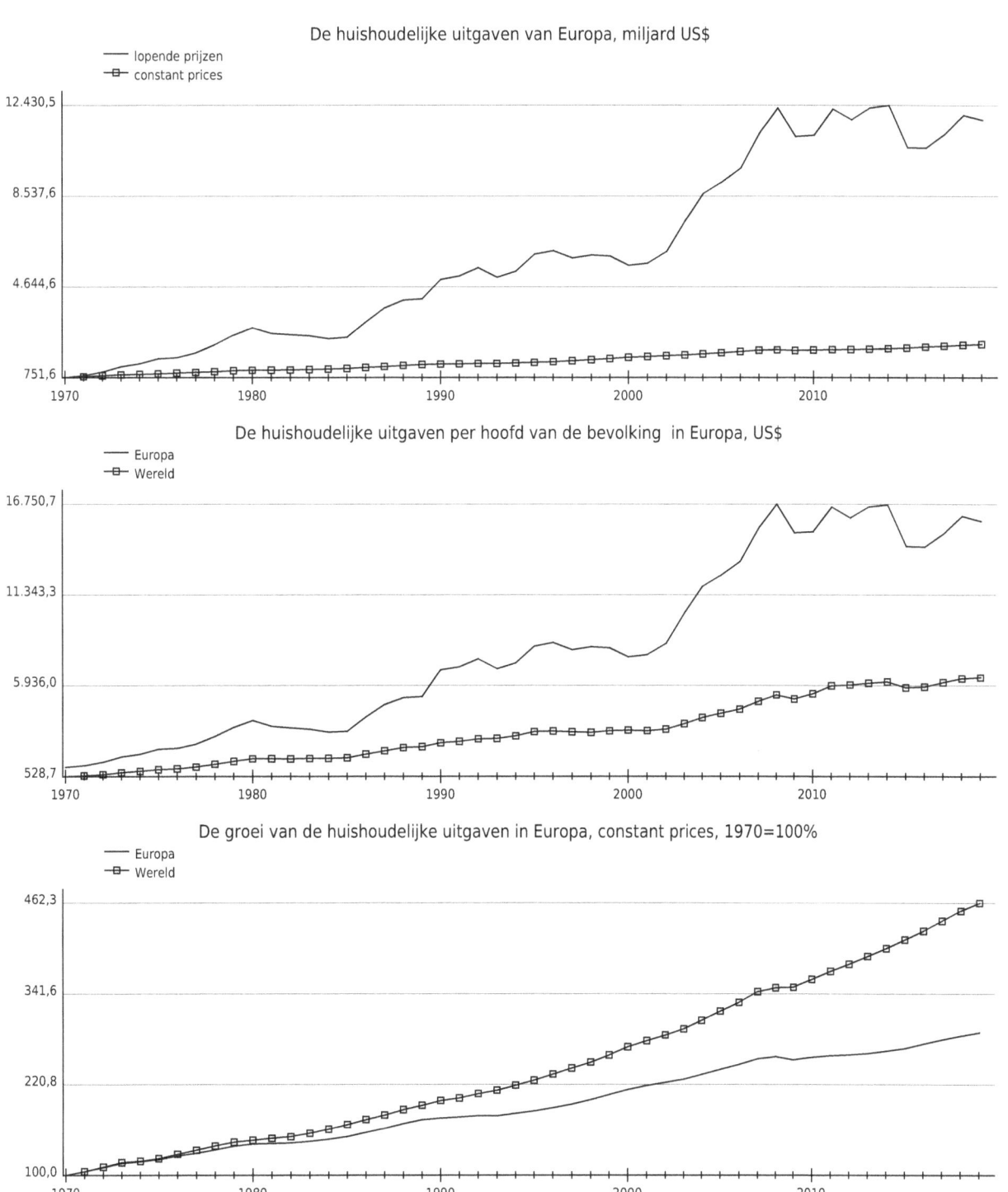

De huishoudelijke uitgaven van Europa, miljard US$

De huishoudelijke uitgaven per hoofd van de bevolking in Europa, US$

De groei van de huishoudelijke uitgaven in Europa, constant prices, 1970=100%

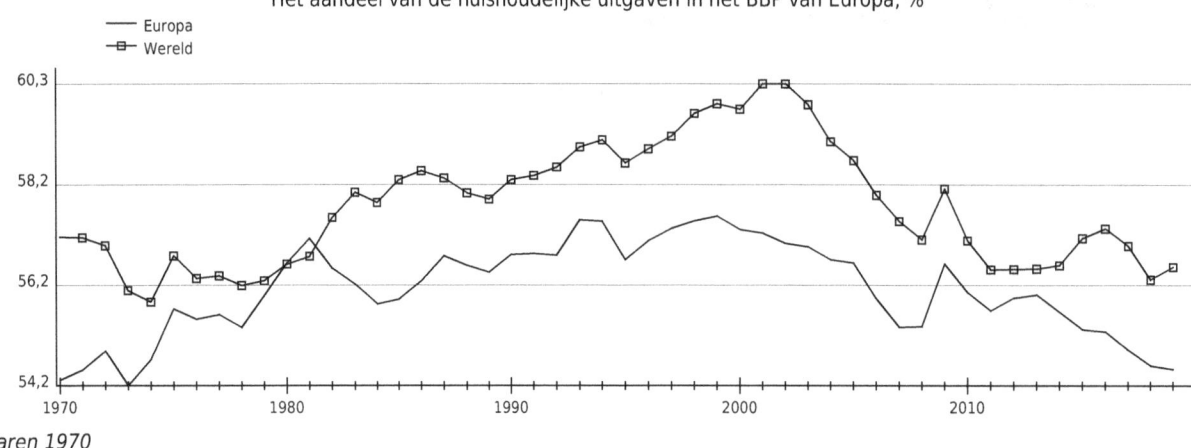

Het aandeel van de huishoudelijke uitgaven in het BBP van Europa, %

de jaren 1970

De huishoudelijke uitgaven van Europa bedroeg in de jaren 1970 US$1,5 biljoen per jaar. Het aandeel in de wereld was 40,1%.

Het aandeel van de huishoudelijke uitgaven in het BBP van Europa was 55,3% in de jaren 1970, en was vergelijkbaar met Mongolië (55,3%), Zuid-Afrika (55,0%), Zuidelijk Afrika (55,6%).

De huishoudelijke uitgaven per hoofd in Europa was $2.041,4 in de jaren 1970s, en was vergelijkbaar met Israël (US$2,0 duizend), Ierland (US$2,0 duizend). De huishoudelijke uitgaven per hoofd in Europa was in 2,2 keer hoger dan de huishoudelijke uitgaven per hoofd van de bevolking in de wereld ($914,8).

De groei van de huishoudelijke uitgaven in Europa bedroeg 3.7% in de jaren 1970, en was vergelijkbaar met Italië (3,7%), de Nederland (3,7%), Noord-Amerika (3,7%). De groei van de huishoudelijke uitgaven in Europa (3,7%) was minder dan de groei van de huishoudelijke uitgaven in de wereld (4,1%).

Vergelijking met regio's. De huishoudelijke uitgaven van Europa was groter dan in Amerika (US$1,4 biljoen), in Azië (US$655,8 miljard), in Afrika (US$111,2 miljard) en in Oceanië (US$64,8 miljard). De huishoudelijke uitgaven per hoofd in Europa was groter dan in Azië (US$282,4) en in Afrika (US$271,0); maar minder dan in Oceanië (US$3,0 duizend) en in Amerika (US$2,5 duizend). De groei van de huishoudelijke uitgaven in Europa was groter dan in Oceanië (3,1%); maar minder dan in Azië (5,2%), in Amerika (4,1%) en in Afrika (4,1%).

Subregio's. De huishoudelijke uitgaven van Europa in de jaren 1970 bestond uit: West-Europa (40,7%), Oost-Europa (25,6%), Noord-Europa (17,1%) en Zuid-Europa (16,6%). Het aandeel van de huishoudelijke uitgaven in het BBP van subregio's: Noord-Europa (60,7%), Zuid-Europa (60,2%), West-Europa (55,7%) en Oost-Europa (49,1%). De huishoudelijke uitgaven per hoofd van de bevolking in subregio's: West-Europa ($3.547,1), Noord-Europa ($3.114,3), Zuid-Europa ($1.848,8) en Oost-Europa ($1.111,6). De groei van de huishoudelijke uitgaven in subregio's: Oost-Europa (5,1%), Zuid-Europa (4,1%), West-Europa (3,6%) en Noord-Europa (2,6%).

Leiders. De huishoudelijke uitgaven van Europa in de jaren 1970 bestond uit: Sovjet-Unie (21,0%), Duitsland (18,8%), Frankrijk (12,2%), Verenigd Koninkrijk (10,7%), Italië (8,7%), en andere (28,6%). Het aandeel van de huishoudelijke uitgaven in BBP van de leiders: Verenigd Koninkrijk (67,5%), Italië (59,0%), Duitsland (57,4%), Frankrijk (54,2%) en Sovjet-Unie (47,8%). De huishoudelijke uitgaven per hoofd in Europa onder de leiders: Duitsland ($3.527,2), Frankrijk ($3.371,0), Verenigd Koninkrijk ($2.841,2), Italië ($2.335,7) en Sovjet-Unie ($1.231,6). De groei van de huishoudelijke uitgaven onder de leiders: Sovjet-Unie (4,7%), Frankrijk (4,0%), Italië (3,7%), Duitsland (3,6%) en Verenigd Koninkrijk (2,5%).

de jaren 1980

De huishoudelijke uitgaven van Europa bedroeg in de jaren 1980 US$3,1 biljoen per jaar. Het aandeel in de wereld was 35,1%.

Het aandeel van de huishoudelijke uitgaven in het BBP van Europa was 56,5% in de jaren 1980, en was vergelijkbaar met Noord-Afrika (56,3%), Papoea-Nieuw-Guinea (56,3%), Oceanië (56,2%).

De huishoudelijke uitgaven per hoofd in Europa was $3.991,1 in de jaren 1980s, en was vergelijkbaar met Saoedi-Arabië (US$4,0 duizend). De huishoudelijke uitgaven per hoofd in Europa was in 2,2 keer hoger dan de huishoudelijke uitgaven per hoofd van de bevolking in de wereld ($1.808,0).

De groei van de huishoudelijke uitgaven in Europa bedroeg 2.3% in de jaren 1980, en was vergelijkbaar met Soedan (2,3%), Afrika (2,3%), Spanje (2,3%). De groei van de huishoudelijke uitgaven in Europa (2,3%) was minder dan de groei van de huishoudelijke uitgaven in de wereld (3,0%).

Vergelijking met regio's. De huishoudelijke uitgaven van Europa was groter dan in Azië (US$1,9 biljoen), in Afrika (US$269,7 miljard) en in Oceanië (US$144,8 miljard); maar minder dan in Amerika (US$3,4 biljoen). De huishoudelijke uitgaven per hoofd in Europa was groter dan in Azië (US$666,0) en in Afrika (US$497,8); maar minder dan in Oceanië (US$5,8 duizend) en in Amerika (US$5,1 duizend). De groei van de huishoudelijke uitgaven in Europa was groter dan in Afrika (2,3%); maar minder dan in Azië (4,7%), in Oceanië (3,1%) en in Amerika (2,9%).

Subregio's. De huishoudelijke uitgaven van Europa in de jaren 1980 bestond uit: West-Europa (42,1%), Noord-Europa (20,3%), Zuid-Europa (19,9%) en Oost-Europa (17,7%). Het aandeel van de huishoudelijke uitgaven in het BBP van subregio's: Noord-Europa (60,5%), Zuid-Europa (60,0%), West-Europa (56,7%) en Oost-Europa (49,0%). De huishoudelijke uitgaven per hoofd van de bevolking in subregio's: Noord-Europa ($7.526,1), West-Europa ($7.437,2), Zuid-Europa ($4.315,5) en Oost-Europa ($1.462,8). De groei van de huishoudelijke uitgaven in subregio's: Noord-Europa (3,0%), Zuid-Europa (2,6%), Oost-Europa (2,2%) en West-Europa (1,9%).

Leiders. De huishoudelijke uitgaven van Europa in de jaren 1980 bestond uit: Duitsland (18,8%), Sovjet-Unie (13,9%), Verenigd Koninkrijk (13,6%), Frankrijk (13,3%), Italië (11,4%), en andere (29,0%). Het aandeel van de huishoudelijke uitgaven in BBP van de leiders: Verenigd Koninkrijk (66,7%), Italië (59,1%), Duitsland (58,1%), Frankrijk (55,9%) en Sovjet-Unie (47,9%). De huishoudelijke uitgaven per hoofd in Europa onder de leiders: Duitsland ($7.378,3), Verenigd Koninkrijk ($7.376,3), Frankrijk ($7.220,4), Italië ($6.172,6) en Sovjet-Unie ($1.542,8). De groei van de huishoudelijke uitgaven onder de leiders: Verenigd Koninkrijk (3,5%), Sovjet-Unie (3,0%), Italië (3,0%), Frankrijk (2,3%) en Duitsland (1,8%).

de jaren 1990

De huishoudelijke uitgaven van Europa bedroeg in de jaren 1990 US$5,6 biljoen per jaar. Het aandeel in de wereld was 33,1%.

Het aandeel van de huishoudelijke uitgaven in het BBP van Europa was 57,2% in de jaren 1990, en was vergelijkbaar met Turkmenistan (57,2%), Zwitserland (57,3%), Liechtenstein (57,3%).

De huishoudelijke uitgaven per hoofd in Europa was $7.702,2 in de jaren 1990s. De huishoudelijke uitgaven per hoofd in Europa was in 2,6 keer hoger dan de huishoudelijke uitgaven per hoofd van de bevolking in de wereld ($2.963,9).

De groei van de huishoudelijke uitgaven in Europa bedroeg 1.8% in de jaren 1990, en was vergelijkbaar met Noord-Macedonië (1,8%), Frankrijk (1,8%). De groei van de huishoudelijke uitgaven in Europa (1,8%) was minder dan de groei van de huishoudelijke uitgaven in de wereld (3,0%).

Vergelijking met regio's. De huishoudelijke uitgaven van Europa was groter dan in Azië (US$4,2 biljoen), in Afrika (US$377,3 miljard) en in Oceanië (US$258,1 miljard); maar minder dan in Amerika (US$6,5 biljoen). De huishoudelijke uitgaven per hoofd in Europa was groter dan in Azië (US$1.208,2) en in Afrika (US$532,7); maar minder dan in Oceanië (US$8,9 duizend) en in Amerika (US$8,4 duizend). De groei van de huishoudelijke uitgaven in Europa was minder dan in Azië (4,4%), in Amerika (3,3%), in Oceanië (3,2%) en in Afrika (2,6%).

Subregio's. De huishoudelijke uitgaven van Europa in de jaren 1990 bestond uit: West-Europa (46,9%), Zuid-Europa (22,9%), Noord-Europa (22,8%) en Oost-Europa (7,3%). Het aandeel van de huishoudelijke uitgaven in het BBP van subregio's: Zuid-Europa (60,6%), Noord-Europa (60,5%), West-Europa (55,0%) en Oost-Europa (52,2%). De huishoudelijke uitgaven per hoofd van de bevolking in subregio's: West-Europa ($14.513,3), Noord-Europa ($13.771,6), Zuid-Europa ($8.910,8) en Oost-Europa ($1.324,5). De groei van de huishoudelijke uitgaven in subregio's: Noord-Europa (2,7%), West-Europa (2,0%), Zuid-Europa (2,0%) en Oost-Europa (-2,0%).

Leiders. De huishoudelijke uitgaven van Europa in de jaren 1990 bestond uit: Duitsland (21,8%), Verenigd Koninkrijk (15,8%), Frankrijk (14,0%), Italië (12,8%), Spanje (6,4%), en andere (29,2%). Het aandeel van de huishoudelijke uitgaven in BBP van de leiders: Verenigd Koninkrijk (66,7%), Spanje (60,9%), Italië (59,0%), Duitsland (56,1%) en Frankrijk (54,7%). De huishoudelijke uitgaven per hoofd in Europa onder de leiders: Verenigd Koninkrijk ($15.280,6), Duitsland ($15.158,9), Frankrijk ($13.185,2), Italië ($12.549,6) en Spanje ($9.036,0). De groei van de huishoudelijke uitgaven onder de leiders: Verenigd Koninkrijk (2,8%), Spanje (2,4%), Duitsland (2,1%), Frankrijk (1,8%) en Italië (1,7%).

de jaren 2000

De huishoudelijke uitgaven van Europa bedroeg in de jaren 2000 US$8,7 biljoen per jaar. Het aandeel in de wereld was 31,8%.

Het aandeel van de huishoudelijke uitgaven in het BBP van Europa was 56,4% in de jaren 2000, en was vergelijkbaar met Puerto Rico (56,6%), Japan (55,9%), Slowakije (55,9%).

De huishoudelijke uitgaven per hoofd in Europa was $11.901,2 in de jaren 2000s. De huishoudelijke uitgaven per hoofd in Europa was in 2,8 keer hoger dan de huishoudelijke uitgaven per hoofd van de bevolking in de wereld ($4.208,2).

De groei van de huishoudelijke uitgaven in Europa bedroeg 2% in de jaren 2000. De groei van de huishoudelijke uitgaven in Europa (2,0%) was minder dan de groei van de huishoudelijke uitgaven in de wereld (3,0%).

Vergelijking met regio's. De huishoudelijke uitgaven van Europa was groter dan in Azië (US$6,5 biljoen), in Afrika (US$667,1 miljard) en in Oceanië (US$474,7 miljard); maar minder dan in Amerika (US$11,0 biljoen). De huishoudelijke uitgaven per hoofd in Europa was groter dan in Azië (US$1.649,6) en in Afrika (US$735,9); maar minder dan in Oceanië (US$14,3 duizend) en in Amerika (US$12,5 duizend). De groei van de huishoudelijke uitgaven in Europa was minder dan in Afrika (6,0%), in Azië (4,4%), in Oceanië (3,6%) en in Amerika (2,7%).

Subregio's. De huishoudelijke uitgaven van Europa in de jaren 2000 bestond uit: West-Europa (41,3%), Noord-Europa (24,7%), Zuid-Europa (23,6%) en Oost-Europa (10,4%). Het aandeel van de huishoudelijke uitgaven in het BBP van subregio's: Zuid-Europa (60,0%), Noord-Europa (58,1%), Oost-Europa (54,6%) en West-Europa (53,9%). De huishoudelijke uitgaven per hoofd van de bevolking in subregio's: Noord-Europa ($22.378,1), West-Europa ($19.176,3), Zuid-Europa ($13.803,9) en Oost-Europa ($3.019,0). De groei van de huishoudelijke uitgaven in subregio's: Oost-Europa (6,4%), Noord-Europa (2,3%), Zuid-Europa (1,5%) en West-Europa (1,1%).

Leiders. De huishoudelijke uitgaven van Europa in de jaren 2000 bestond uit: Duitsland (17,7%), Verenigd Koninkrijk (17,3%), Frankrijk (13,1%), Italië (12,0%), Spanje (7,3%), en andere (32,6%). Het aandeel van de huishoudelijke uitgaven in BBP van de leiders: Verenigd Koninkrijk (65,0%), Italië (59,5%), Spanje (57,9%), Duitsland (55,7%) en Frankrijk (54,3%). De huishoudelijke uitgaven per hoofd in Europa onder de leiders: Verenigd Koninkrijk ($24.959,3), Duitsland ($18.912,2), Frankrijk ($18.146,8), Italië ($18.022,4) en Spanje ($14.452,5). De groei van de huishoudelijke uitgaven onder de leiders: Spanje (2,5%), Verenigd Koninkrijk (2,1%), Frankrijk (2,0%), Italië (0,61%) en Duitsland (0,46%).

de jaren 2010

De huishoudelijke uitgaven van Europa bedroeg in de jaren 2010 US$11,6 biljoen per jaar. Het aandeel in de wereld was 26,3%.

Het aandeel van de huishoudelijke uitgaven in het BBP van Europa was 55,4% in de jaren 2010, en was vergelijkbaar met Trinidad en Tobago (55,4%), Zuidoost-Azië (55,5%), Israël (55,1%).

De huishoudelijke uitgaven per hoofd in Europa was $15.614,2 in de jaren 2010s. De huishoudelijke uitgaven per hoofd in Europa was in 2,6 keer hoger dan de huishoudelijke uitgaven per hoofd van de bevolking in de wereld ($6.018,5).

De groei van de huishoudelijke uitgaven in Europa bedroeg 1.3% in de jaren 2010. De groei van de huishoudelijke uitgaven in Europa (1,3%) was minder dan de groei van de huishoudelijke uitgaven in de wereld (2,8%).

Vergelijking met regio's. De huishoudelijke uitgaven van Europa was 7,7 keer groter dan in Afrika (US$1,5 biljoen) en 12,3 keer groter dan in Oceanië (US$944,5 miljard); maar 31,4% minder dan in Amerika (US$16,9 biljoen) en 11,5% minder dan in Azië (US$13,1 biljoen). De huishoudelijke uitgaven per hoofd in Europa was 5,2 keer groter dan in Azië (US$3,0 duizend) en 12,1 keer groter dan in Afrika (US$1.292,9); maar 35,1% minder dan in Oceanië (US$24,1 duizend) en 10,2% minder dan in Amerika (US$17,4 duizend). De groei van de huishoudelijke uitgaven in Europa was minder dan in Azië (4,9%), in Afrika (3,3%), in Oceanië (2,3%) en in Amerika (2,2%).

Subregio's. De huishoudelijke uitgaven van Europa in de jaren 2010 bestond uit: West-Europa (40,3%), Noord-Europa (23,2%), Zuid-Europa (21,4%) en Oost-Europa (15,1%). Het aandeel van de huishoudelijke uitgaven in het BBP van subregio's: Zuid-Europa (60,9%), Noord-Europa (56,6%), Oost-Europa (54,5%) en West-Europa (52,5%). De huishoudelijke uitgaven per hoofd van de bevolking in subregio's: Noord-Europa ($26.193,6), West-Europa ($24.150,4), Zuid-Europa ($16.269,8) en Oost-Europa ($5.952,0). De groei van de huishoudelijke uitgaven in subregio's: Oost-Europa (2,7%), Noord-Europa (1,8%), West-Europa (1,3%) en Zuid-Europa (0,15%).

Leiders. De huishoudelijke uitgaven van Europa in de jaren 2010 bestond uit: Duitsland (16,9%), Verenigd Koninkrijk (15,3%), Frankrijk (12,6%), Italië (10,7%), Rusland (7,9%), en andere (36,6%). Het aandeel van de huishoudelijke uitgaven in BBP van de leiders: Verenigd Koninkrijk (64,4%), Italië (60,6%), Frankrijk (54,4%), Duitsland (53,5%) en Rusland (51,5%). De huishoudelijke uitgaven per hoofd in

Europa onder de leiders: Verenigd Koninkrijk ($27.164,8), Duitsland ($23.925,0), Frankrijk ($22.028,8), Italië ($20.712,3) en Rusland ($6.316,6). De groei van de huishoudelijke uitgaven onder de leiders: Rusland (2,4%), Verenigd Koninkrijk (1,8%), Duitsland (1,4%), Frankrijk (1,1%) en Italië (0,099%).

Hoofdstuk XIV. Voedsel consumptie

Tijdens de onderzoeksperiode groeide de voedselconsumptie in noten (met 82,9%), stimulerende middelen (met 64,9%), plantaardige oliën (met 60,3%), specerijen (met 50,5%), fruit (met 41,1%), groenten (met 17,1%), vlees (met 16,6%), vis (met 11,3%), melk (met 9,0%), eieren (met 4,9%), suiker (met 0,47%), maar daalde in alcoholische dranken (met 2,1%), granen (met 11,9%), zetmeelrijke wortels (met 22,3%), peulvruchten (met 34,6%).

Dit zijn de correlatiecoëfficiënten tussen het bni per hoofd van de bevolking in constante prijzen en de voedselconsumptie: plantaardige oliën (0.998), fruit (0.989), noten (0.986), stimulerende middelen (0.977), groenten (0.932), specerijen (0.908), melk (0.89), vlees (0.763), vis (0.534), alcoholische dranken (0.041), suiker (-0.001), eieren (-0.003), granen (-0.866), peulvruchten (-0.898), zetmeelrijke wortels (-0.947).

de jaren 1970

De consumptie van kcal in Europa was 3.283,8 kcal/hoofd/dag in the 1970s, and was on a par with Hongarije (3.289,2 kcal/hoofd/dag), Griekenland (3.291,2 kcal/hoofd/dag), Zuid-Europa (3.274,0 kcal/hoofd/dag). De consumptie van kcal in Europa was groter dan in de wereld (2.403,2 kcal/hoofd/dag). De structuur van de consumptie: granen (33.2%), suiker (12.2%), vlees (9.9%), melk (8.7%), plantaardige oliën (8%), en anderen (28%).

De consumptie van eiwitten in Europa was 98,6 g/hoofd/dag in the 1970s, and was on a par with Noord-Amerika (98,5 g/hoofd/dag), de Verenigde Staten (98,9 g/hoofd/dag), Bulgarije (99,0 g/hoofd/dag). De consumptie van eiwitten in Europa was groter dan in de wereld (65,0 g/hoofd/dag). De structuur van de consumptie: granen (34.2%), vlees (22.4%), melk (17.6%), vis (6%), zetmeelrijke wortels (4.5%), en anderen (15.3%).

De consumptie van vet in Europa was 109,6 g/hoofd/dag in the 1970s, and was on a par with Argentinië (109,8 g/hoofd/dag), Kiribati (109,9 g/hoofd/dag), Micronesië (109,9 g/hoofd/dag). De consumptie van vet in Europa was groter dan in de wereld (55,1 g/hoofd/dag). De structuur van de consumptie: plantaardige oliën (27.2%), vlees (23.2%), melk (14.6%), granen (4%), eieren (3%), en anderen (28%).

Dit zijn niveaus van voedselconsumptie: melk (199,3 kg/hoofd/jr), granen (148,0 kg/hoofd/jr), zetmeelrijke wortels (101,6 kg/hoofd/jr), groenten (99,3 kg/hoofd/jr), alcoholische dranken (94,9 kg/hoofd/jr), vlees (65,9 kg/hoofd/jr), fruit (64,7 kg/hoofd/jr), suiker (41,1 kg/hoofd/jr), vis (19,6 kg/hoofd/jr), eieren (12,3 kg/hoofd/jr), plantaardige oliën (11,0 kg/hoofd/jr), stimulerende middelen (4,0 kg/hoofd/jr), peulvruchten (3,4 kg/hoofd/jr), noten (2,0 kg/hoofd/jr), specerijen (0,40 kg/hoofd/jr).

de jaren 1980

De consumptie van kcal in Europa was 3.346,9 kcal/hoofd/dag in the 1980s, and was on a par with Zuid-Europa (3.351,2 kcal/hoofd/dag), Duitsland (3.367,5 kcal/hoofd/dag), Oost-Europa (3.369,6 kcal/hoofd/dag). De consumptie van kcal in Europa was groter dan in de wereld (2.572,3 kcal/hoofd/dag). De structuur van de consumptie: granen (31.5%), suiker (12.2%), vlees (10.8%), plantaardige oliën (9.2%), melk (8.4%), en anderen (27.9%).

De consumptie van eiwitten in Europa was 102,3 g/hoofd/dag in the 1980s, and was on a par with Noord-Amerika (102,3 g/hoofd/dag), Zuid-Europa (102,2 g/hoofd/dag), Tsjecho-Slowakije (102,0 g/hoofd/dag). De consumptie van eiwitten in Europa was groter dan in de wereld (69,1 g/hoofd/dag). De structuur van de consumptie: granen (32%), vlees (24.5%), melk (17.5%), vis (6.4%), eieren (4.2%), en anderen (15.4%).

De consumptie van vet in Europa was 119,5 g/hoofd/dag in the 1980s, and was on a par with Australazië (118,9 g/hoofd/dag). De consumptie van vet in Europa was groter dan in de wereld (63,2 g/hoofd/dag). De structuur van de consumptie: plantaardige oliën (29.2%), vlees (23.6%), melk (13.3%), granen (3.6%), eieren (3.2%), en anderen (27.1%).

Dit zijn niveaus van voedselconsumptie: melk (209,5 kg/hoofd/jr), granen (141,6 kg/hoofd/jr), groenten (108,7 kg/hoofd/jr), alcoholische dranken (92,0 kg/hoofd/jr), zetmeelrijke wortels (91,9 kg/hoofd/jr), vlees (74,7 kg/hoofd/jr), fruit (69,6 kg/hoofd/jr), suiker (42,0 kg/hoofd/jr), vis (21,3 kg/hoofd/jr), eieren (13,9 kg/hoofd/jr), plantaardige oliën (12,9 kg/hoofd/jr), stimulerende middelen (4,7 kg/hoofd/jr), peulvruchten (2,8 kg/hoofd/jr), noten (2,2 kg/hoofd/jr), specerijen (0,48 kg/hoofd/jr).

de jaren 1990

De consumptie van kcal in Europa was 3.214,0 kcal/hoofd/dag in the 1990s, and was on a par with Malta (3.219,2 kcal/hoofd/dag),

Nieuw-Zeeland (3.206,4 kcal/hoofd/dag), Canada (3.229,3 kcal/hoofd/dag). De consumptie van kcal in Europa was groter dan in de wereld (2.652,6 kcal/hoofd/dag). De structuur van de consumptie: granen (31.2%), suiker (11.3%), vlees (11.1%), plantaardige oliën (10.7%), melk (8.7%), en anderen (27%).

De consumptie van eiwitten in Europa was 97,9 g/hoofd/dag in the 1990s, and was on a par with Nieuw-Zeeland (97,7 g/hoofd/dag), Finland (98,3 g/hoofd/dag), Zweden (98,5 g/hoofd/dag). De consumptie van eiwitten in Europa was groter dan in de wereld (72,1 g/hoofd/dag). De structuur van de consumptie: granen (30.9%), vlees (25.3%), melk (18%), vis (5.6%), zetmeelrijke wortels (4.1%), en anderen (16.1%).

De consumptie van vet in Europa was 119,3 g/hoofd/dag in the 1990s, and was on a par with IJsland (120,3 g/hoofd/dag), Israël (120,3 g/hoofd/dag). De consumptie van vet in Europa was groter dan in de wereld (69,0 g/hoofd/dag). De structuur van de consumptie: plantaardige oliën (32.7%), vlees (23.2%), melk (13.5%), granen (3.3%), eieren (2.8%), en anderen (24.5%).

Dit zijn niveaus van voedselconsumptie: melk (203,5 kg/hoofd/jr), granen (132,0 kg/hoofd/jr), groenten (106,3 kg/hoofd/jr), zetmeelrijke wortels (92,7 kg/hoofd/jr), alcoholische dranken (84,5 kg/hoofd/jr), fruit (73,8 kg/hoofd/jr), vlees (73,2 kg/hoofd/jr), suiker (38,0 kg/hoofd/jr), vis (18,9 kg/hoofd/jr), plantaardige oliën (14,3 kg/hoofd/jr), eieren (12,1 kg/hoofd/jr), stimulerende middelen (5,6 kg/hoofd/jr), peulvruchten (2,9 kg/hoofd/jr), noten (2,6 kg/hoofd/jr), specerijen (0,44 kg/hoofd/jr).

de jaren 2000

De consumptie van kcal in Europa was 3.316,3 kcal/hoofd/dag in the 2000s, and was on a par with IJsland (3.304,4 kcal/hoofd/dag), Roemenië (3.340,0 kcal/hoofd/dag). De consumptie van kcal in Europa was groter dan in de wereld (2.765,9 kcal/hoofd/dag). De structuur van de consumptie: granen (30.2%), plantaardige oliën (12%), suiker (11.6%), vlees (10.3%), melk (9.1%), en anderen (26.8%).

De consumptie van eiwitten in Europa was 100,0 g/hoofd/dag in the 2000s, and was on a par with Oceanië (100,0 g/hoofd/dag), Slovenië (99,8 g/hoofd/dag), Polen (99,6 g/hoofd/dag). De consumptie van eiwitten in Europa was groter dan in de wereld (76,5 g/hoofd/dag). De structuur van de consumptie: granen (30%), vlees (24.8%), melk (18.8%), vis (6.2%), zetmeelrijke wortels (3.8%), en anderen (16.4%).

De consumptie van vet in Europa was 123,9 g/hoofd/dag in the 2000s, and was on a par with Zweden (124,3 g/hoofd/dag), Polynesië (125,1 g/hoofd/dag). De consumptie van vet in Europa was groter dan in de wereld (76,9 g/hoofd/dag). De structuur van de consumptie: plantaardige oliën (36.2%), vlees (21%), melk (14.2%), granen (3.2%), eieren (2.8%), en anderen (22.6%).

Dit zijn niveaus van voedselconsumptie: melk (215,2 kg/hoofd/jr), granen (131,6 kg/hoofd/jr), groenten (116,0 kg/hoofd/jr), alcoholische dranken (95,2 kg/hoofd/jr), zetmeelrijke wortels (88,1 kg/hoofd/jr), fruit (87,4 kg/hoofd/jr), vlees (73,2 kg/hoofd/jr), suiker (41,1 kg/hoofd/jr), vis (20,7 kg/hoofd/jr), plantaardige oliën (16,4 kg/hoofd/jr), eieren (12,6 kg/hoofd/jr), stimulerende middelen (6,5 kg/hoofd/jr), noten (3,4 kg/hoofd/jr), peulvruchten (2,6 kg/hoofd/jr), specerijen (0,51 kg/hoofd/jr).

de jaren 2010

De consumptie van kcal in Europa was 3.363,0 kcal/hoofd/dag in the 2010s, and was on a par with Denemarken (3.361,0 kcal/hoofd/dag), IJsland (3.366,3 kcal/hoofd/dag), Tunesië (3.356,3 kcal/hoofd/dag). De consumptie van kcal in Europa was groter dan in de wereld (2.869,3 kcal/hoofd/dag). De structuur van de consumptie: granen (30%), plantaardige oliën (12.7%), suiker (11.5%), vlees (10.4%), melk (9.1%), en anderen (26.3%).

De consumptie van eiwitten in Europa was 102,1 g/hoofd/dag in the 2010s, and was on a par with Duitsland (102,1 g/hoofd/dag), Rusland (102,1 g/hoofd/dag), Polen (101,6 g/hoofd/dag). De consumptie van eiwitten in Europa was groter dan in de wereld (80,6 g/hoofd/dag). De structuur van de consumptie: granen (29.6%), vlees (25.5%), melk (18.8%), vis (6.4%), eieren (3.8%), en anderen (15.9%).

De consumptie van vet in Europa was 128,7 g/hoofd/dag in the 2010s, and was on a par with Montenegro (128,4 g/hoofd/dag), Ierland (129,0 g/hoofd/dag), Wit-Rusland (129,7 g/hoofd/dag). De consumptie van vet in Europa was groter dan in de wereld (82,4 g/hoofd/dag). De structuur van de consumptie: plantaardige oliën (37.4%), vlees (20.6%), melk (14%), granen (3.3%), eieren (2.7%), en anderen (22%).

Dit zijn niveaus van voedselconsumptie: melk (217,2 kg/hoofd/jr), granen (132,2 kg/hoofd/jr), groenten (116,3 kg/hoofd/jr), alcoholische dranken (92,9 kg/hoofd/jr), fruit (91,3 kg/hoofd/jr), zetmeelrijke wortels (83,0 kg/hoofd/jr), vlees (76,8 kg/hoofd/jr), suiker (41,3 kg/hoofd/jr), vis (21,8 kg/hoofd/jr), plantaardige oliën (17,6 kg/hoofd/jr), eieren (12,9 kg/hoofd/jr), stimulerende middelen (6,6 kg/hoofd/jr), noten (3,7 kg/hoofd/jr), peulvruchten (2,5 kg/hoofd/jr), specerijen (0,61 kg/hoofd/jr).

Part V. Reproductie

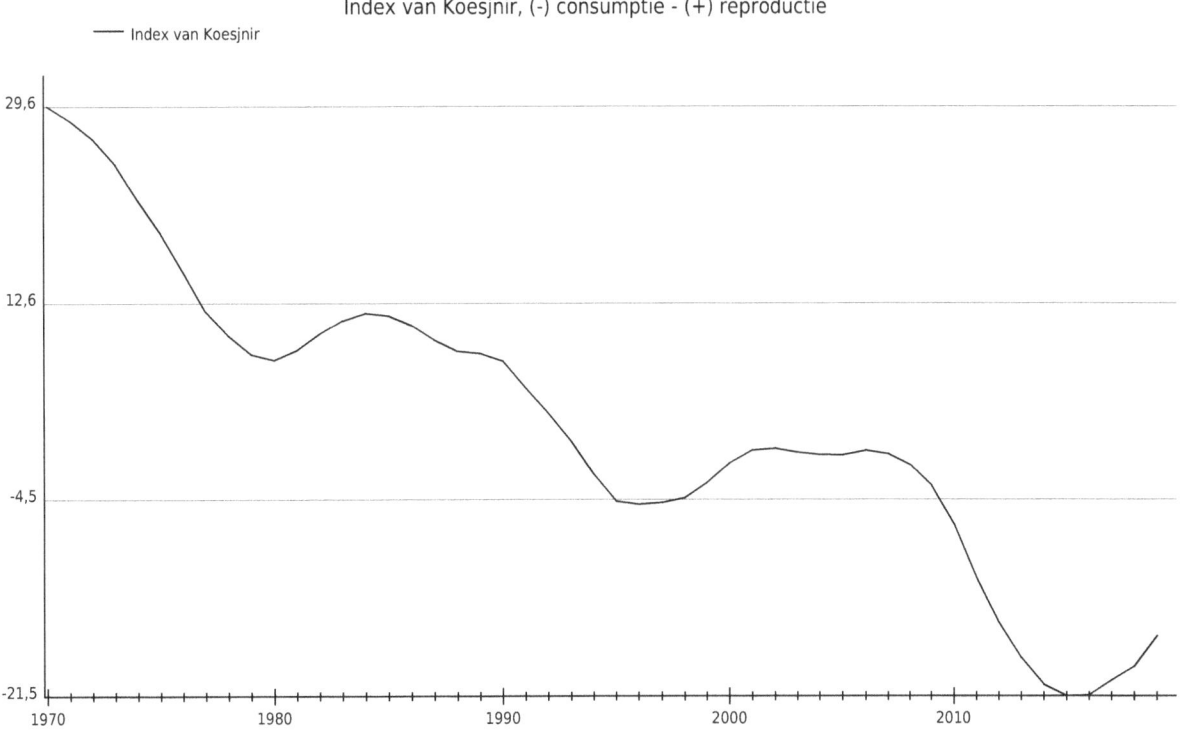

Index van Koesjnir, (-) consumptie - (+) reproductie

Hoofdstuk XV. Bruto-investeringen in vaste activa

De investeringen in vaste activa van Europa steeg van US$738,5 miljard per jaar in de jaren 1970 tot US$4,3 biljoen per jaar in de jaren 2010, dat wil zeggen met US$3,6 biljoen of 5,8 keer. De verandering vond plaats op US$3,0 biljoen als gevolg van een 3,3-voudige stijging van de prijzen, en ook op US$529,0 miljard als gevolg van een 1,7-voudige toename van het tarief per hoofd , evenals op US$18,9 miljard als gevolg van de toename van de bevolking. De gemiddelde jaarlijkse groei van de investeringen in vaste activa is 1,7%. De minimumwaarde van de investeringen in vaste activa bedroeg US$410,1 miljard in 1970. De maximumwaarde van de investeringen in vaste activa bedroeg US$5,1 biljoen in 2008.

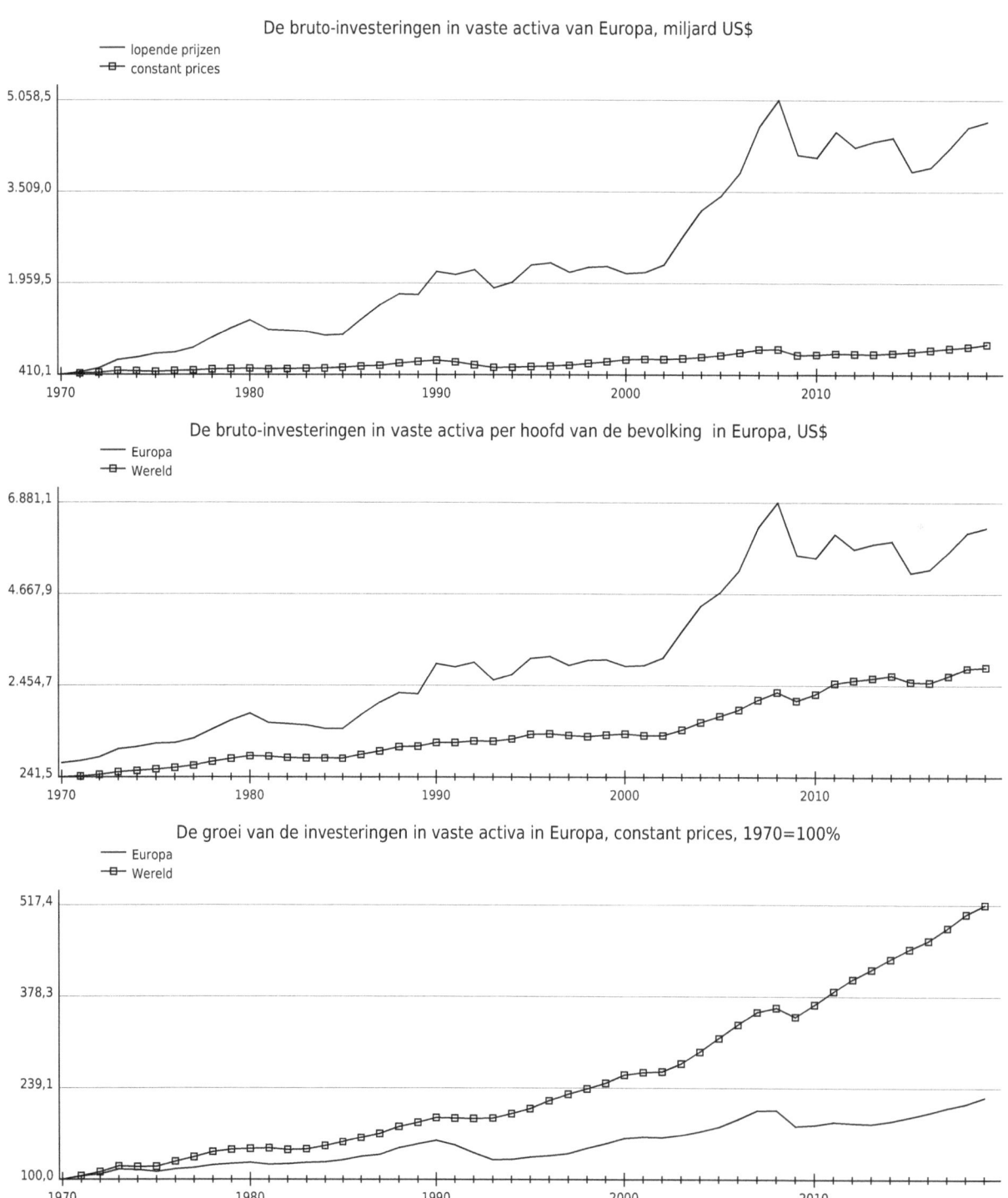

De bruto-investeringen in vaste activa van Europa, miljard US$

De bruto-investeringen in vaste activa per hoofd van de bevolking in Europa, US$

De groei van de investeringen in vaste activa in Europa, constant prices, 1970=100%

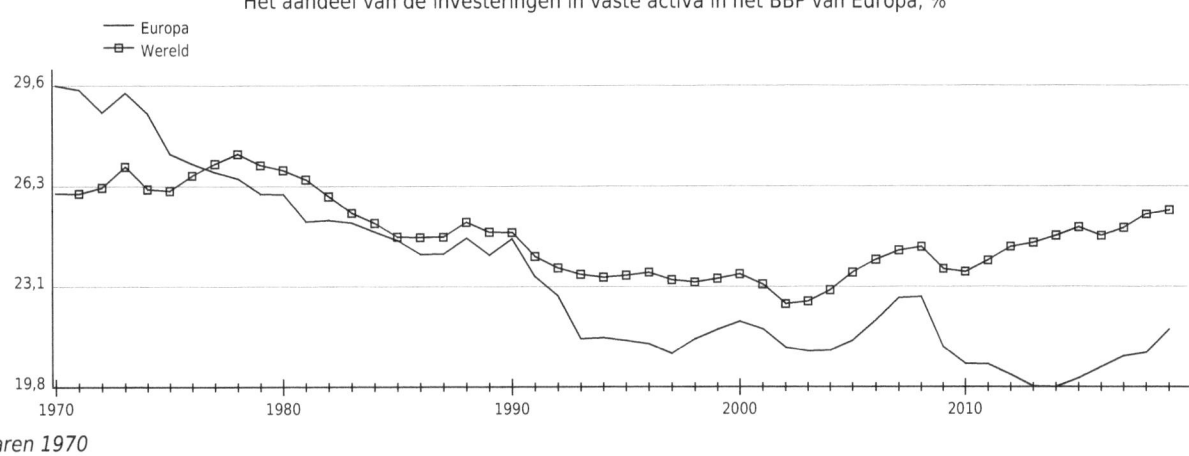

Het aandeel van de investeringen in vaste activa in het BBP van Europa, %

de jaren 1970

De investeringen in vaste activa van Europa bedroeg in de jaren 1970 US$738,5 miljard per jaar. Het aandeel in de wereld was 42,2%.

Het aandeel van de investeringen in vaste activa in het BBP van Europa was 27,6% in de jaren 1970, en was vergelijkbaar met Zuid-Afrika (27,4%), Tanzania (27,7%), Zuidelijk Afrika (27,4%).

De investeringen in vaste activa per hoofd in Europa was $1.018,0 in de jaren 1970s, en was vergelijkbaar met het Verenigd Koninkrijk (US$1.020,2), Italië (US$993,3). De bruto-investeringen in vaste activa per hoofd in Europa was in 2,3 keer hoger dan de investeringen in vaste activa per hoofd van de bevolking in de wereld ($433,5).

De groei van de investeringen in vaste activa in Europa bedroeg 2.4% in de jaren 1970. De groei van de investeringen in vaste activa in Europa (2,4%) was minder dan de groei van de investeringen in vaste activa in de wereld (4,2%).

Vergelijking met regio's. De investeringen in vaste activa van Europa was groter dan in Amerika (US$511,3 miljard), in Azië (US$350,9 miljard), in Afrika (US$118,9 miljard) en in Oceanië (US$30,7 miljard). De investeringen in vaste activa per hoofd in Europa was groter dan in Amerika (US$913,4), in Afrika (US$289,8) en in Azië (US$151,1); maar minder dan in Oceanië (US$1.437,8). De groei van de investeringen in vaste activa in Europa was minder dan in Afrika (7,1%), in Azië (6,2%), in Amerika (5,3%) en in Oceanië (2,6%).

Subregio's. De bruto-investeringen in vaste activa van Europa in de jaren 1970 bestond uit: West-Europa (37,6%), Oost-Europa (33,6%), Noord-Europa (14,4%) en Zuid-Europa (14,4%). Het aandeel van de investeringen in vaste activa in het BBP van subregio's: Oost-Europa (32,0%), Zuid-Europa (26,1%), West-Europa (25,7%) en Noord-Europa (25,6%). De bruto-investeringen in vaste activa per hoofd van de bevolking in subregio's: West-Europa ($1.633,0), Noord-Europa ($1.311,5), Zuid-Europa ($802,3) en Oost-Europa ($725,9). De groei van de investeringen in vaste activa in subregio's: Oost-Europa (3,7%), Zuid-Europa (2,8%), West-Europa (1,7%) en Noord-Europa (1,6%).

Leiders. De bruto-investeringen in vaste activa van Europa in de jaren 1970 bestond uit: Sovjet-Unie (29,1%), Duitsland (17,0%), Frankrijk (11,2%), Verenigd Koninkrijk (7,7%), Italië (7,4%), en andere (27,6%). Het aandeel van de investeringen in vaste activa in BBP van de leiders: Sovjet-Unie (33,0%), Duitsland (26,0%), Italië (25,1%), Frankrijk (24,9%) en Verenigd Koninkrijk (24,2%). De bruto-investeringen in vaste activa per hoofd in Europa onder de leiders: Duitsland ($1.597,2), Frankrijk ($1.545,4), Verenigd Koninkrijk ($1.020,2), Italië ($993,3) en Sovjet-Unie ($850,9). De groei van de investeringen in vaste activa onder de leiders: Sovjet-Unie (3,2%), Frankrijk (2,7%), Italië (2,2%), Duitsland (1,5%) en Verenigd Koninkrijk (1,1%).

de jaren 1980

De bruto-investeringen in vaste activa van Europa bedroeg in de jaren 1980 US$1,3 biljoen per jaar. Het aandeel in de wereld was 35,1%.

Het aandeel van de investeringen in vaste activa in het BBP van Europa was 24,7% in de jaren 1980, en was vergelijkbaar met de Filipijnen (24,8%), Tanzania (24,8%), Oostenrijk (24,9%).

De investeringen in vaste activa per hoofd in Europa was $1.748,4 in de jaren 1980s, en was vergelijkbaar met Polynesië (US$1.720,5). De bruto-investeringen in vaste activa per hoofd in Europa was in 2,2 keer hoger dan de investeringen in vaste activa per hoofd van de bevolking in de wereld ($790,9).

De groei van de investeringen in vaste activa in Europa bedroeg 2.2% in de jaren 1980, en was vergelijkbaar met Tsjecho-Slowakije (2,2%). De groei van de investeringen in vaste activa in Europa (2,2%) was minder dan de groei van de investeringen in vaste activa in de wereld (2,5%).

Vergelijking met regio's. De investeringen in vaste activa van Europa was groter dan in Amerika (US$1,2 biljoen), in Azië (US$990,6 miljard), in Afrika (US$196,1 miljard) en in Oceanië (US$70,0 miljard). De bruto-investeringen in vaste activa per hoofd in Europa was groter dan in Afrika (US$362,0) en in Azië (US$349,2); maar minder dan in Oceanië (US$2,8 duizend) en in Amerika (US$1.848,1). De groei van de investeringen in vaste activa in Europa was groter dan in Amerika (1,9%) en in Afrika (-3,3%); maar minder dan in Oceanië (4,9%) en in Azië (4,8%).

Subregio's. De bruto-investeringen in vaste activa van Europa in de jaren 1980 bestond uit: West-Europa (40,0%), Oost-Europa (24,4%), Noord-Europa (18,1%) en Zuid-Europa (17,5%). Het aandeel van de investeringen in vaste activa in het BBP van subregio's: Oost-Europa (29,6%), West-Europa (23,6%), Noord-Europa (23,6%) en Zuid-Europa (23,1%). De investeringen in vaste activa per hoofd van de bevolking in subregio's: West-Europa ($3.096,7), Noord-Europa ($2.934,8), Zuid-Europa ($1.664,7) en Oost-Europa ($883,4). De groei van de investeringen in vaste activa in subregio's: Noord-Europa (3,7%), West-Europa (2,1%), Zuid-Europa (2,0%) en Oost-Europa (1,5%).

Leiders. De investeringen in vaste activa van Europa in de jaren 1980 bestond uit: Sovjet-Unie (20,2%), Duitsland (17,7%), Frankrijk (12,2%), Verenigd Koninkrijk (10,5%), Italië (10,1%), en andere (29,2%). Het aandeel van de investeringen in vaste activa in BBP van de leiders: Sovjet-Unie (30,6%), Duitsland (24,1%), Italië (22,9%), Frankrijk (22,5%) en Verenigd Koninkrijk (22,5%). De investeringen in vaste activa per hoofd in Europa onder de leiders: Duitsland ($3.052,1), Frankrijk ($2.907,7), Verenigd Koninkrijk ($2.490,3), Italië ($2.387,9) en Sovjet-Unie ($984,8). De groei van de investeringen in vaste activa onder de leiders: Verenigd Koninkrijk (4,1%), Frankrijk (2,4%), Italië (2,4%), Sovjet-Unie (1,7%) en Duitsland (1,4%).

de jaren 1990

De bruto-investeringen in vaste activa van Europa bedroeg in de jaren 1990 US$2,1 biljoen per jaar. Het aandeel in de wereld was 31,8%.

Het aandeel van de investeringen in vaste activa in het BBP van Europa was 21,9% in de jaren 1990, en was vergelijkbaar met Zweden (22,0%), Armenië (21,8%), Nieuw-Caledonië (22,1%).

De bruto-investeringen in vaste activa per hoofd in Europa was $2.956,1 in de jaren 1990s. De investeringen in vaste activa per hoofd in Europa was in 2,5 keer hoger dan de investeringen in vaste activa per hoofd van de bevolking in de wereld ($1.183,8).

De groei van de investeringen in vaste activa in Europa bedroeg 0% in de jaren 1990. De groei van de investeringen in vaste activa in Europa (0,024%) was minder dan de groei van de investeringen in vaste activa in de wereld (2,8%).

Vergelijking met regio's. De investeringen in vaste activa van Europa was groter dan in Amerika (US$2,1 biljoen), in Afrika (US$122,7 miljard) en in Oceanië (US$106,7 miljard); maar minder dan in Azië (US$2,3 biljoen). De bruto-investeringen in vaste activa per hoofd in Europa was groter dan in Amerika (US$2,7 duizend), in Azië (US$661,5) en in Afrika (US$173,2); maar minder dan in Oceanië (US$3,7 duizend). De groei van de investeringen in vaste activa in Europa was minder dan in Amerika (4,4%), in Azië (4,3%), in Oceanië (3,9%) en in Afrika (3,2%).

Subregio's. De bruto-investeringen in vaste activa van Europa in de jaren 1990 bestond uit: West-Europa (51,1%), Zuid-Europa (20,9%), Noord-Europa (19,5%) en Oost-Europa (8,5%). Het aandeel van de investeringen in vaste activa in het BBP van subregio's: Oost-Europa (23,2%), West-Europa (23,0%), Zuid-Europa (21,2%) en Noord-Europa (19,8%). De bruto-investeringen in vaste activa per hoofd van de bevolking in subregio's: West-Europa ($6.071,1), Noord-Europa ($4.520,9), Zuid-Europa ($3.111,8) en Oost-Europa ($588,6). De groei van de investeringen in vaste activa in subregio's: West-Europa (2,2%), Zuid-Europa (2,1%), Noord-Europa (1,9%) en Oost-Europa (-10,5%).

Leiders. De investeringen in vaste activa van Europa in de jaren 1990 bestond uit: Duitsland (24,2%), Frankrijk (13,9%), Verenigd Koninkrijk (11,6%), Italië (11,3%), Spanje (6,3%), en andere (32,6%). Het aandeel van de investeringen in vaste activa in BBP van de leiders: Duitsland (23,9%), Spanje (23,0%), Frankrijk (20,9%), Italië (20,1%) en Verenigd Koninkrijk (18,8%). De investeringen in vaste activa per hoofd in Europa onder de leiders: Duitsland ($6.456,6), Frankrijk ($5.039,5), Verenigd Koninkrijk ($4.319,1), Italië ($4.267,2) en Spanje ($3.411,9). De groei van de investeringen in vaste activa onder de leiders: Spanje (3,2%), Duitsland (2,4%), Verenigd Koninkrijk (1,7%), Frankrijk (1,5%) en Italië (1,2%).

de jaren 2000

De bruto-investeringen in vaste activa van Europa bedroeg in de jaren 2000 US$3,4 biljoen per jaar. Het aandeel in de wereld was 30,5%.

Het aandeel van de investeringen in vaste activa in het BBP van Europa was 21,7% in de jaren 2000, en was vergelijkbaar met Rusland (21,8%), Polynesië (21,8%), Canada (21,8%).

De bruto-investeringen in vaste activa per hoofd in Europa was $4.590,9 in de jaren 2000s, en was vergelijkbaar met Israël (US$4,7 duizend). De investeringen in vaste activa per hoofd in Europa was in 2,7 keer hoger dan de investeringen in vaste activa per hoofd van de bevolking in de wereld ($1.690,7).

De groei van de investeringen in vaste activa in Europa bedroeg 1.6% in de jaren 2000, en was vergelijkbaar met Frankrijk (1,6%). De groei van de investeringen in vaste activa in Europa (1,6%) was minder dan de groei van de investeringen in vaste activa in de wereld (3,5%).

Vergelijking met regio's. De bruto-investeringen in vaste activa van Europa was groter dan in Afrika (US$254,6 miljard) en in Oceanië (US$219,8 miljard); maar minder dan in Amerika (US$3,6 biljoen) en in Azië (US$3,6 biljoen). De investeringen in vaste activa per hoofd in Europa was groter dan in Amerika (US$4,1 duizend), in Azië (US$905,5) en in Afrika (US$280,9); maar minder dan in Oceanië (US$6,6 duizend). De groei van de investeringen in vaste activa in Europa was groter dan in Amerika (1,3%); maar minder dan in Azië (6,8%), in Afrika (5,6%) en in Oceanië (5,0%).

Subregio's. De investeringen in vaste activa van Europa in de jaren 2000 bestond uit: West-Europa (42,8%), Zuid-Europa (24,1%), Noord-Europa (21,7%) en Oost-Europa (11,4%). Het aandeel van de investeringen in vaste activa in het BBP van subregio's: Zuid-Europa (23,6%), Oost-Europa (23,2%), West-Europa (21,6%) en Noord-Europa (19,6%). De bruto-investeringen in vaste activa per hoofd van de bevolking in subregio's: West-Europa ($7.676,4), Noord-Europa ($7.553,0), Zuid-Europa ($5.436,7) en Oost-Europa ($1.281,6). De groei van de investeringen in vaste activa in subregio's: Oost-Europa (7,2%), Noord-Europa (1,4%), Zuid-Europa (1,2%) en West-Europa (0,65%).

Leiders. De investeringen in vaste activa van Europa in de jaren 2000 bestond uit: Duitsland (16,6%), Frankrijk (13,8%), Verenigd Koninkrijk (12,1%), Italië (11,1%), Spanje (8,9%), en andere (37,4%). Het aandeel van de investeringen in vaste activa in BBP van de leiders: Spanje (27,5%), Frankrijk (22,1%), Italië (21,2%), Duitsland (20,2%) en Verenigd Koninkrijk (17,5%). De bruto-investeringen in vaste activa per hoofd in Europa onder de leiders: Frankrijk ($7.386,7), Duitsland ($6.851,1), Spanje ($6.849,4), Verenigd Koninkrijk ($6.738,4) en Italië ($6.411,6). De groei van de investeringen in vaste activa onder de leiders: Spanje (2,1%), Frankrijk (1,6%), Verenigd Koninkrijk (0,66%), Italië (0,59%) en Duitsland (-0,56%).

de jaren 2010

De bruto-investeringen in vaste activa van Europa bedroeg in de jaren 2010 US$4,3 biljoen per jaar. Het aandeel in de wereld was 22,4%.

Het aandeel van de investeringen in vaste activa in het BBP van Europa was 20,5% in de jaren 2010, en was vergelijkbaar met San Marino (20,5%), Duitsland (20,6%), de Verenigde Arabische Emiraten (20,4%).

De investeringen in vaste activa per hoofd in Europa was $5.775,6 in de jaren 2010s. De investeringen in vaste activa per hoofd in Europa was in 2,2 keer hoger dan de investeringen in vaste activa per hoofd van de bevolking in de wereld ($2.621,1).

De groei van de investeringen in vaste activa in Europa bedroeg 2.2% in de jaren 2010, en was vergelijkbaar met Mauritanië (2,2%), Oost-Europa (2,2%), de Bahama's (2,2%). De groei van de investeringen in vaste activa in Europa (2,2%) was minder dan de groei van de investeringen in vaste activa in de wereld (4,1%).

Vergelijking met regio's. De investeringen in vaste activa van Europa was 8,4 keer groter dan in Afrika (US$514,5 miljard) en 10,4 keer groter dan in Oceanië (US$413,9 miljard); maar 2,1 keer minder dan in Azië (US$8,8 biljoen) en 16,6% minder dan in Amerika (US$5,1 biljoen). De bruto-investeringen in vaste activa per hoofd in Europa was 9,3% groter dan in Amerika (US$5,3 duizend), 2,9 keer groter dan in Azië (US$2,0 duizend) en 13,1 keer groter dan in Afrika (US$440,4); maar 45,2% minder dan in Oceanië (US$10,5 duizend). De groei van de investeringen in vaste activa in Europa was groter dan in Oceanië (1,3%); maar minder dan in Azië (6,0%), in Afrika (3,1%) en in Amerika (2,9%).

Subregio's. De investeringen in vaste activa van Europa in de jaren 2010 bestond uit: West-Europa (44,9%), Noord-Europa (21,7%),

Zuid-Europa (17,2%) en Oost-Europa (16,2%). Het aandeel van de investeringen in vaste activa in het BBP van subregio's: West-Europa (21,7%), Oost-Europa (21,6%), Noord-Europa (19,6%) en Zuid-Europa (18,1%). De investeringen in vaste activa per hoofd van de bevolking in subregio's: West-Europa ($9.954,6), Noord-Europa ($9.074,6), Zuid-Europa ($4.835,4) en Oost-Europa ($2.358,1). De groei van de investeringen in vaste activa in subregio's: Noord-Europa (4,1%), West-Europa (2,4%), Oost-Europa (2,2%) en Zuid-Europa (-0,63%).

Leiders. De bruto-investeringen in vaste activa van Europa in de jaren 2010 bestond uit: Duitsland (17,5%), Frankrijk (14,0%), Verenigd Koninkrijk (10,9%), Rusland (8,9%), Italië (8,7%), en andere (40,1%). Het aandeel van de investeringen in vaste activa in BBP van de leiders: Frankrijk (22,3%), Rusland (21,5%), Duitsland (20,6%), Italië (18,1%) en Verenigd Koninkrijk (16,9%). De bruto-investeringen in vaste activa per hoofd in Europa onder de leiders: Duitsland ($9.192,9), Frankrijk ($9.043,1), Verenigd Koninkrijk ($7.138,3), Italië ($6.178,8) en Rusland ($2.631,4). De groei van de investeringen in vaste activa onder de leiders: Verenigd Koninkrijk (3,0%), Duitsland (2,8%), Frankrijk (1,9%), Rusland (1,5%) en Italië (-0,72%).